1915年、著者和子誕生。父吉田茂(中央)は37歳。左は姉櫻子

1936年、祖父牧野伸顕と渋谷の家にて

1937年、婚約。父、母、仲人の加納久朗氏と。婚約者の麻生太賀吉は不在

ロンドンで暮らしはじめたころ、母雪子と

15歳のころ。日本舞踊の発表会で

成人式。ロンドンにて

1951年9月9日、サンフランシスコ講和会議、平和条約の
調印式に出かける朝。宿泊先のスコットハウスの前にて

出迎えのなか、羽田にて

講和会議に向かう途中、ハワイでの激励会

1954年、英日協会の昼食会でイーデン外相夫妻と、ロンドン・ランカスターハウスにて

1937年、駐英大使当時、テムズ川のほとりメイドゥンヘッドの自宅の庭にて

首相退任後を過ごした大磯の自宅で

麻生の母夏子と、大磯にて

大磯の庭で愛犬シェリー、ウイスキーとともにくつろぐ父と

大磯の居間にて

新潮文庫

父　吉田茂

麻生和子著

新潮社版

9594

はじめに

ずいぶん前から、戦後政治に登場した方々と父との交流や、家長としての父の思い出を書くようにいわれていましたが固く断わりつづけてまいりました。ですが、どうしてこのたび急に承知してしまったのか、自分ながらまったくわかりません。多分年をとって気が弱くなったためと思います。もちろん、気が弱くなったとともに頭も弱くなり、昔のことも最近のことも忘れがちになっておりますので、お許しください。

現在の日本のおかれた立場を考えてみますと、父ならどう対応しただろうという思いがつのりますが詮《せん》のないことで、当時の父をすこしでも思い起こしていただき、縁《よすが》としていただければ幸いです。ただ、父の面目躍如《めんもくやくじょ》たるユーモアぶりとチャームを浮き彫りにすることができなかったのは私の拙《つたな》さでございます。

「パパ、ごめんなさい」

この本でいくらかでも父の人柄をお察しくださる方があれば嬉《うれ》しく思います。

一九九三年　晩秋

麻《あそ》生《う》和《かず》子《こ》

目次

父

吉田茂

敗戦国の総理大臣

父が総理を引き受けた、という知らせを聞いたのは嫁ぎ先の福岡県の飯塚《いいづか》ででした。東京から長距離電話で知らせを受けたとき、驚いたのと同時に、

「なんてばかなことを」

と、たいへんに腹が立ったのをよくおぼえています。

終戦の翌年、昭和二十一年の五月でした。自由党総裁の候補に、当時、幣原喜重郎《しではらきじゅうろう》内閣の外相をつとめていた父の名があげられ、しばらくまえからなんだかガタガタと騒がしい様子になっているのを知ってはいましたが、まさか父がそのとんでもないお役目をほんとうに引き受けてしまうとは思ってもみませんでした。

戦争こそ前年の夏に終わっていましたが、では、これから日本がどちらを向いて歩いていくのかというと、誰にも皆目見当もつかなかったころのことです。

当時、飯塚から東京までは三十時間以上もかかりました。博多《はかた》から汽車に乗りこんで、ほとんど各駅に止まりながらの長旅です。座席も通路も人でいっぱいで身動きも

むずかしく、誰かが車内の離れたところにいる人といっしょになろうと思うと、座っている人たちが頭の上を通してあげるような状態でした。戦争中のほうがまだすいていて、戦後のほうが混んでいたのは、それだけ人や物の行き来が活発になったということだったのでしょう。

引揚者らしい様子の人たちも乗っていましたし、戦時中と変わらないもんぺ姿も多く、そうかと思うと身ぎれいに整った服装も混じっています。

人がいっぱいで窓が閉まらなくなると、トンネルに入ったときが一騒動です。丹那《たんな》トンネルを通るときなど、ディーゼルを石炭機関車につけかえていましたが、そうすると窓から煙がどんどん入ってきて顔も手も真っ黒になります。

こうした旅でしたから水分は控えていましたが、静岡駅でお手洗いに降りてホームにもどったところ、乗ってきた汽車がピーともいわずに動きはじめているではありませんか。大あわてで、あいている窓から汽車のなかに転がり入りましたが、ほんとうにびっくりしました。

汽車で運ばれている三十時間ほどのあいだに何度も考えたのは、

「いったい、これからどういうことになるのかしら」

ということでした。くりかえし考えてみても、明るい見通しなどひとつもたちません。心配と不安ばかりが胸のなかをいきかいます。

汽車が東京駅に着くと、迎えに来た父が、帽子にステッキを持ってホームにひとり立っているのが見えました。

私がむくれた顔をしていたからでしょう、父のほうから先に、

「おい、おまえに叱《しか》られることがあるんだ。こんなことになっちゃって、怒るだろうな」

と申し訳なさそうにいいます。なんとなく照れくさいような、悪いことをしたのを見つかった子供のような顔をしています。

父に会ったら、ああもいってやろう、こうもいおうと思っていたのが、先手を打って「すまないね」と謝られてしまうと、こちらの怒りたい気持ちもそがれてしまいます。父の勝ちでした。

東京駅からいっしょに車に乗り、そのころ父が暮らしていた麻布市兵衛町《あざぶいちべえ》の外務大臣公邸に向かいながら、それでも、

「ばかね、パパって。ほんとに、人がいいわね」

くらいの憎まれ口は、たしかにたたいたおぼえがあります。

終戦直後にできた東久邇《ひがしくに》内閣は二カ月足らずで総辞職し、あとを受けたのが幣原内

閣でした。幣原内閣では戦後初めての総選挙がおこなわれ、いちばん多く議席を得たのは鳩山《はとやま》一郎さんの率いる自由党でした。ところが、その鳩山さんがいまにも首相になろうというときに、マッカーサーの総司令部、GHQから「待った」がかかったのです。

このころ、GHQの指令のもとに戦争責任者、あるいは国家主義者とみなされる人々が次々に公職から追われていきました。国をあげて戦争をしてきたわけですから、細かいことをいいはじめれば、GHQのパージにまるっきり引っ掛からずにすむ人のほうがはるかに少なかったとしても当然でした。

そのなかで父は「たたいてもホコリの出ない」数少ない一人といわれ、自由党総裁と首相への就任が決まっていた鳩山一郎さんがパージによって政界から追われたあとに、新たな首相候補として父の名前が急浮上するめぐりあわせになったようです。

この突然の風向きに「これは、たいへんなことになった」と思ったのでしょう。父は存じ上げている幾人かの方をお訪ねし、総理をお願いしようとずいぶん頑張ったようです。ところが、なかなか適当な引き受け手が見つかりません。そうなると、鳩山さんをはじめとする周囲の方たちの父への説得にも力が入り、とうとう父にとっては外務省の先輩にあたる幣原さんも出てこられ、「おまえがやれ」と説得にまわられました。

次の内閣の引き受け手が決まらないまま混乱状態の政界の様子は、九州の飯塚にいる私のところにも伝わってきていました。ただ、東京からの長距離電話は雑音が入ってとても聞き取りにくく、どんな具合になっているのかもう一つ判然としません。現在のようにテレビがあるわけではないのですから、なにが起こっているのか情報を得る手段はあとはラジオと新聞ぐらいのものです。新聞などは、それこそむさぼるようにして目を通していましたが、新聞の記事というのはどうもおもしろおかしく大げさに書かれているようで、どこまで信じていいものやらわかりません。

そういえばこのとき、総理を引き受けるかどうか、いまかいまかと返事を待っていてくださる方たちに向かって、父が、

「とにかく、娘の和子を九州からよんである。あれのオーケーをとらなきゃ返事ができない」

などといってあきれられたこともあったようです。時間稼ぎのつもりかどうかは知りませんが、重大な事態に直面してかえってまぎらわしい冗談をいうようなところが父にはありました。もちろん、娘に相談しないと決められないというような殊勝さは、父にかぎってはまったくなかったのです。

結局、自分の知っているかぎりの範囲では引き受け手が見つからず、ほかになり手がないので、しようがなく引き受けたというのが真相なのでしょうが、ではこの時点で、父に首相として敗戦国日本を引っ張っていく自信があったのかどうかというと、あやしいものです。

ただ、戦争に敗れ、目もあてられないほど惨《みじ》めな状態にある日本という国をなんとかしなくてはという気持ちを、父は誰よりも強くもっていたと私は思います。そういうところは、父は完全に明治の男でした。

ずっとあとになって、

「やらなければならない仕事で、誰よりも自分がうまくやれる類《たぐ》いの仕事はあるものだ」

というようなことを父がいったことがありますが、もしかするとこのときにもその程度の自負は外交官であった父のどこかにあったのかもしれません。

父にとって義理の甥《おい》にあたる武見太郎《たけみ》が、総理大臣をやる自信があるのかと尋ねたのにたいして、

「戦争で負けて外交で勝った歴史がある」

と父が答えたという、ずいぶん格好のいいエピソードが知られていますが、こっち

のほうは、いいところ父が自分で自分にいってきかせた景気づけみたいなものではなかったのかなと私はにらんでいます。

政治家の条件

私がものごころついたときには、すでに父は外交官でした。

二十八歳のときに領事官補として最初の任地奉天《ほうてん》に行ったときから、最後の任地のイギリスを離れる日まで、父は三十二年間ずっと外交官できた人でした。

その父が終戦直後の東久邇内閣の外相に求められたとき、娘の私としては、やれやれと思ったものです。敗戦国の外相です。どんな苦労をしょいこむかと思うと、あまりうれしくありません。

それでも、外交は父が長年やってきた仕事でしたから、ここで引っ張り出されるのもまあ仕方がないのかもしれないと、半分あきらめたような格好でした。

ところが、今度は、自由党総裁、総理大臣です。

「総理大臣のことなんか、なにもわかっていないくせに引き受けてしまって」

と、父の無謀さにあらためて腹が立ってきます。

それも、まったく政治の世界を知らないのなら「怖いもの知らず」ということもあるでしょうが、父の場合は外交官として表からも裏からも政治の世界を見続けてきています。外交官は政治がわからなくてはつとまりません。

「日本の外交官で、日本の政治を知らない人が外国に代表として出ていくというのは危なっかしいものだ」

と、父はしょっちゅういっていました。日本の政治がどういう状態になっているかということを把握できなければ、外交の仕事はできないはずなのです。

イギリスにいるころから父との食卓では政治の話がよく出ました。あちらの政治家の演説を国会に聞きに行って、誰それの演説はうまいものだというようなことを父はよくいっていましたが、「趣味」としても、政治が好きだったのでしょう。

それでも、政治がわかるのと政治家であるということはじつはまったく別の話です。父自身が政治家に向いているとは私にはとうてい思えません。父の友人のひとりなどは、父は政治家に必要な素質も、お金も、話術も、なにひとつ持ち合わせていないと断言していたくらいです。

戦後すぐの総選挙のときに、父といっしょに鳩山さんのお宅にあがったことがありました。お部屋に通されると、帯封をしてあるお札が、机の上に山のように積んであります。お札の束の山というものをはじめて見て、びっくり仰天したのをおぼえています。

見ていると代議士の立候補者が順繰りに現われ、鳩山さんが奥様に「二つやっといてくれ」とか「三つ渡してくれ」というように指示され、奥様は帰っていく代議士たちにそのとおり渡していらっしゃいます。それだけのお金を見たことがなかったので、すごいものだなとびっくりしましたが、このときには父が政界に引っ張りこまれる事態になろうとは少しも予期していなかったのです。

父が鳩山さんから自由党を引き受けると決めたとき、三つの条件を出したといいます。

金はないし、金作りもしないこと。閣僚の選定は自分に任せてまわりから口を出さないこと。それから、いやになったらいつでも投げ出すからそのつもりでいてほしいこと。

ずいぶんあつかましい条件を出したものですが、見ようによっては父は政治家として自分に欠けているものをよく知っていたということでしょう。

麻布市兵衛町

麻布市兵衛町の当時の外務大臣公邸は、六本木から飯倉《いいくら》方面に行ってつきあたりの、いまは「八木通商」という看板の掛かっているところにありました。原田積善会《せきぜんかい》の結婚式場を政府が借り上げて公邸にしていたものですが、爆撃を受けて玄関の壁がなかったのです。その公邸の奥の部屋は仏間で、大きな仏壇が入るはずの場所にベッドを横にしてピッチリと入れ、父はそこに寝泊まりしていました。仏壇自体は取り外されているといっても、黒縁のお仏壇特有の飾りはそのままでしたから、そこにベッドがおさまっている様子はなんともいえない妙な光景でした。

部屋数はさほどなく、仏間にはすぐに応接間がつながっていて、一階は秘書官室とあともう一間くらいだったでしょうか。応接間の床の間には、掛軸がなかったため、父が自分で字を書いて吊《つ》りさげていました。わりによく書けていましたが、そのうちどなたかがお軸をくださったので、父の字のほうはさっさと片付けてしまいました。

戦争まえ、父が駐米大使に推薦されて断わったことがありました。その理由は当時の内田外相と自分は根本的に意見がちがうからというものでした。「時の政府に真っ向から反対する立場にあって、国を代表するわけにはいかない」という、父としてはじつにあたりまえの理屈ですが「ワシントン行きを断わるなんて」と、外務省の他の人たちにはずいぶん珍しがられたようです。どんなに珍しがられても、外交官というものは政府を代表していくわけですから、政府と意見が対立している以上、やむをえない選択だったのでしょう。昭和七年、反米思想がしだいに広がり、陸軍が勢力をもちはじめていたころのことです。

ワシントンを断わり、外務省に出ていてもなにもすることのない父は、どんどん入ってくる電報や、「極秘」などとスタンプの押してある書類の裏に、毎日筆をとってお習字をしていたようです。退屈しのぎというか、憂《う》さ晴らしというか、とにかく来る日も来る日もそうやってお習字をしていた結果、字がずいぶん上手になったというわけです。

　もともとはけっして辛抱強いほうではない父が、自分の気持ちの整理がつかないでさぞいらいらしているにちがいないときに、じっとがまんしてこつこつとお習字をしている様子をそばで見ていると、「えらいな」という気がしました。かんしゃく持ちの父がなにか目的があるときにはこれだけ辛抱強くなれるのかと思うと、ほんとうに感心させられました。

辛抱といえば、外務大臣になった直後に、父のお供をして鈴木貫太郎《すずきかんたろう》さんのお宅をお訪ねしたことがあります。鈴木さんは、父が学習院にいたころ教官としてみえたそうで、むずかしい時代に外相を引き受けた父としては、ぜひ助言をいただきたかったのでしょう。

当時、鈴木さんがいらしたのは大森で、車で行くのが遠かったため、父は一人では退屈するからと私を道々の話し相手に連れていったのでした。

着いてから私は車のなかで待っていたので、このとき鈴木さんが父になにをお話しになったのか直接には知りませんが、あとできいたところ、

「負けっぷりをよくしろ」

ということをおっしゃったようです。

父はひじょうに鼻っ柱の強い人でした。負けるということを、考えただけでも悔しくなるような人でしたから、鈴木さんはその点を諭されたのだと思います。けんかしてもしようがないときには、歯ぎしりをしたりせずにあきらめろ、男らしくあきらめろ、ということをアドバイスされたのでしょう。

私も鈴木貫太郎さんにはお目にかかったことがありましたが、怖い顔をしていらっ

しゃりながら、なんとなく人を包むような温かみのある方でした。あのころのお年寄りというのは、みんな、たいへん包容力がおありになったような気がします。

麻布市兵衛町の外務大臣公邸には、いろいろな人がおみえになっていました。このころ、疎開《そかい》された先から東京に出ていらして用事をすまされると、

「おい吉田、飯食わせろ」

と、みなさん公邸にお寄りになったものです。当時の東京では、なかなか外食もままならない状態だったのです。

若槻礼次郎《わかつきれいじろう》さんが廊下の隅で日本酒を飲んでいらしたり、どういうわけか近衛文麿《このえふみまろ》さんがみえると、きまって停電になってあたり一帯の電気が消えてしまったり。停電になるたびに、若い秘書官の方たちが一升瓶を下げて近くの変電所へ走っていって早く電気がつくように交渉したり、そういう時代でした。

焼け跡の散歩

麻布市兵衛町の外務大臣公邸で私にあてられていた部屋は二階で、片側の壁が一面

吹き飛ばされてなかったため、テントを張って使っていました。このころ私の受け持ちになっていたのは、主として父の私的な友人からきた手紙に返事を書いたり、またこちらから手紙を出したりというようなことだったでしょうか。

市兵衛町の家でとても思い出があるのは父の散歩です。散歩といっても、この家の前はストンと崖《がけ》になっていて、崖の下に我《が》善坊《ぜんぼう》町の町が見渡せます。父は狭くて細長い崖の上を、毎日行ったり来たり、行ったり来たり、まるで檻《おり》のなかのトラかなにかのように歩きます。落っこちてはいけないと思って、私たちもついて歩くようにしていましたが、朝早く起き出した父が一人で散歩している姿も幾度となく見かけたものでした。

あたりは、赤茶けた焼け跡が目のとどくかぎり広がっていて、

「情けないなあ、こんなになってしまって。これがいつになったら片付けられて、家並みがそろうのだろうか。二十年後では無理かもしれない」

と、父が真実情けなさそうな顔をしていうのをよく耳にしました。

夜中に寝つかれないまま、床を抜け出して外を散歩する父の姿に何度か驚かされたこともあります。なんとかしなくてはいけない、そうした気持ちにかりたてられていたのでしょう。このころの父の顔には、晩年の父には見られない険しさがありました。

起き出した父が外へ出てみても、そこにあるのはただ焼け跡だけです。気持ちを静めるにはなんの役にも立たず帰ってくるのでしたが、そのあとは私を相手に、焼け跡のあそこは誰だれのお屋敷だったとか、とりとめのない話をひとしきりしてから床にもどっていました。

夕方暇になると、外に出てよくいっしょに散歩をしました。麻布のそのあたりから国会議事堂まで、みごとなくらいなにもありません。ずうっとなにもないはるか向こうに、議事堂だけがぽんと立っているのが見えるだけ、あとは壊れかけたビルや焼け焦《こ》げた材木ばかりの見渡すかぎりの瓦礫《がれき》のなかの道を、父はステッキをつきながらサッサと足早に歩いていきます。おくれないように、こちらも足を速めて並んで歩きます。

そんな散歩の折りに、父はくりかえしいいました。

「見てごらん、いまに立ち直るよ。かならず日本人は立ち直る」

これは、私に聞かせるというよりも、なにかこう一生懸命に自分を励ましているように聞こえました。自分にいって聞かせていたのでしょう。

このころ、荒廃していたのは瓦礫の山となってしまった町並みだけではありませんでした。昨日までの価値観が、終戦を境にひっくりかえり、しかも国民の多くが直面したのは食べるものにもことかく厳しい生活でした。ほんとうに、この時代のことは、いまの世の中ではなかなか想像するのもむずかしいでしょう。

みな食うや食わずの状態ですから、気分も荒れています。なにか殺伐《さつばつ》とした空気が父の周辺にもひたひたと押し寄せてくるような気配を感じていました。

外務大臣公邸には、脅迫状やいやがらせの手紙が何通も送りつけられてきます。あんまり何通もくるので、おしまいには秘書官に、

「知らない人からきた手紙はもうあけなくていいわよ」

といったほど、物騒な手紙がたくさん届きます。

父を「親米派」とよんで非難するもの、米軍の下でだらしないとなじるもの、またこの時期たいへん強かった共産主義の人たちからの脅迫めいた手紙も、ずいぶんたくさんきていたようです。右からも左からも、脅迫状でサンドイッチにされていました。

共産主義といえば、あれは徳田球一《とくだきゆういち》さんだったでしょうか、この人を先頭に共産党員の人たちが秘書官室にドーッと入ってきて、そこにいた私は突き飛ばされて尻《しり》もちをついたことがありました。たまたま子供がお腹《なか》にいたときだったので、ヒヤリとしたのをよくおぼえていますが、こんなことは珍しくもない日常でした。

外務大臣ですら、さまざまな立場の人々のそれだけ激しい非難や批判にさらされる

のですから、総理大臣がどういうことになるか、そら恐ろしいような話です。

「総理なんて引き受けていたら、きっと、どこかでやられる」

と、私はほとんど確信に近い気持ちで思っていました。父がいつ殺されるかもしれないという怖《おそ》れは、父の在職中ずっと私の頭からはなれることがなかったのです。

いま考えるとずいぶん「危ないご時世」だったものですが、それだけ身の危険を感じる状況にありながら、父は護衛なしで出歩くこともよくありました。ふだんついている護衛もひとりだけで、小柄なおじいさんです。それで父はいつも、その護衛のおじいさんにいっていました。

「誰かヘンなのがいたら、おまえ逃げるんだよ。おまえに助けられて、一生恩に着せられちゃかなわない」

口癖みたいに「なにかあったら、すぐ逃げるんだよ」と護衛の人にいっていたのですから、ほんとうにおかしな父でした。

当時、私は嫁ぎ先の飯塚と父のいる東京を行ったり来たりしていましたが、たまたま飯塚にもどっているときに父が手紙を寄越したことがあります。その手紙には、

「占領軍の方針もわからず、どう対処していいか迷うことのみ多い。自分はいま砂漠のなかにオアシスをもとめてさ迷い歩いているようなものだ」

というようなことが書かれていました。

父の手紙は、たいてい巻紙に筆でさらさらと書かれていました。どちらかといえば筆まめなほうだったでしょうか。父にいわせると、筆のほうがよっぽど書きやすいのだそうです。万年筆だと手を紙につけて支えて書きますが、筆だと手は紙についていないのでその分速く書けるといいます。達筆で、じっくり読まなくてはなかなか読みにくかったのですが。

それにしてもふだん強気の父が、手紙のなかとはいえこのような弱音を吐いているのですから、よっぽど苦労していたのでしょう。どんなに迷っても、とにかく決断しなければ事は進まず、しかも父はひとつひとつを自分の責任において決断し、選択していかなくてはなりませんでした。この父の手紙を目にして以来、一国の首相という立場に身を置いた者はこれほど孤独なのだ、という思いがずっしりと私の胸の底に残りました。

反対して、やめられるものならやめてほしかったのが娘としての本音でしたが、総理になってしまった以上どうにもならないのなら、

「いくらかでも、手伝えるだけは手伝わせてもらおう」

と私自身が心を決めたのも、父の抜き差しならぬ焦燥の思いが伝わってきたからだ

ったのです。

組閣

しばらくして、父は外務大臣公邸から永田町の首相官邸に居を移しました。

ところが、永田町の総理官邸は父の気に入りません。お掃除が行き届いていない分ほこりっぽくて、ベトベトして非衛生的で、とても住めるようなところではないと父はいうのです。

そこで白金《しろがね》の朝香《あさか》様の御殿を拝借して、もうひとつ目黒の首相公邸としました。こちらは、お隣りが自然公園でしたので、ほんとうにタヌキやムジナが出ます。国会にもタヌキが出るけれど、首相公邸にもやっぱりタヌキが出るというのが、父の気に入りの冗談でした。

この朝香様のお屋敷をお借りするにあたって、じつは陛下から、

「朝香宮のところから借りてやってくれないか」

とのご依頼があってのことだったという事情を、当時の秘書官の方から聞いていま

す。当時、お台所向きがあまりお楽ではなかった宮様方《がた》のことを陛下はたいへん心配されて、父のもとにご相談があったようです。

そうしたなりゆきで、秘書官が朝香様の広大なお屋敷を拝借するべくはじめてお訪ねし、お玄関で案内をこうたところ、ガランとしていっこうに人の気配が感じられません。靴を脱いでおそるおそる入っていくと、奥のほうから三太夫《さんだゆう》さん、つまり華族のお家につかえる執事のようなお役目ですが、その三太夫さんがそろりそろりと姿を見せ、秘書官が「お家賃はおいくらですか」ときくと「月八万円」といわれます。帰ってそのとおり報告すると、

「おまえ、三太夫に買収されたな」

と父が大笑いしたのだそうですが、八万円のお家賃は、さて高かったのでしょうか安かったのでしょうか。

赤坂離宮についても陛下からご相談をいただき、やがて迎賓館として生かされることになったといいますが、このあたりの事情は私自身は直接は存じません。

総理大臣になった父の最初の仕事は、内閣をつくることでした。

組閣にあたって父がもっとも心を砕いたのは、農林大臣の人選でした。この時期の一番の急務はなんといっても食糧問題でしたから、父としても農相の人選については

誤るわけにはいかなかったのでしょう。

父が最初にお願いにあがったのは、東大の東畑精一《とうはたせいいち》教授でした。幣原内閣の食糧対策委員長をしていらした方で、アメリカ留学のご経験がおありです。父はこの東畑さんに農相を引き受けてくださるようお願いしましたが、東畑さんは政治は肌にあわないとお思いになったのか断わり抜かれました。

お断わりになられても、この方と父は不思議にウマがあったのでしょう、ずっと後々までおつきあいさせていただく関係ができあがったのですから、ご縁というのはおもしろいものです。

結局、第一次吉田内閣と後によばれる父のはじめての組閣で農相を引き受けられたのは和田《わだ》博雄《ひろお》さんでした。和田さんは戦前から農林省の官僚でいらした方で、戦争まえにすでに地主制度を改革する構想を立てられていたそうです。その「左がかった」思想が戦時中の治安維持法にひっかかって検挙され、数年間にわたって投獄されておられます。終戦後まもなく無罪になられ、無事、農林省農政局長にもどられていましたが、父が自分の内閣で農地改革のすべてをおまかせしたのはこの和田さんでした。和田博雄さんはのちに社会党の政審会長になられています。

もっとも、内輪の事情をいえば、私の嫁ぎ先の麻生の家も農地をもっていたので、みんな農地改革を徹底させるのには反対でした。

父自身、気持ちのうえではじゅうぶんに保守の人でしたが、にもかかわらず、地主層にとってはずいぶんと苛酷《かこく》な農地改革を進める和田さんを全面的にバックアップしていました。

そこで、父に向かって、

「パパなんて、自分の農地をもってないから大きなことをいって」

と不満を表明したところ、

「おまえだって、農地がなくなったって別にそんなにきつくないだろう」

と笑っています。

いわれてみれば、農地を所有するということは、それにともなう煩《わずら》わしさも全部引き受けるということで、そこで働いてくれる人たちの面倒を見続けていくのはたいへんな仕事でもありました。結婚だ、赤ちゃんが生まれた、学校に上がったというような出来事を全部把握してお祝いするだけでも、じつのところ一仕事だったのです。

父に指摘されてみれば、たしかに農地をもたないほうがずっとすっきりします。ただ、農地を経済基盤としていた地主層の多くが、この改革によってかなりきつい状態に追い込まれたのも事実です。

それでもなんでも、父がとにかく農地改革をやりとげたのは、台頭しようとする共産主義への歯止めとしての意味合いがもっとも大きかったと思います。父は共産主義というものをひじょうに嫌っていましたし、こわがってもいたようです。そこで、農地改革というものをやって、みんながそれぞれ自分の土地をもてるようにすれば、誰も土地を共有のものにしようなどということは思わないはずだという目論見《もくろみ》をたてました。

「共産主義に対する、いちばん大きな歯止めが農地改革なんだよ」

と父はよくいっていました。

たしかに、人間というものは、自分の土地を所有すればそれを守り、そこから次なる勤労意欲もわいてくるというように、本来できているものなのかもしれません。

父の共産党嫌いをからかって、

「共産主義っていうのはね、頭のいい人じゃなきゃわからないのよ」

といってやると、

「若いときに共産主義にならないのはバカだけど、年取ってからなお続いて共産主義であるのはもっとバカだよ」

などと、父はきりかえしてきたものです。

父が農相に和田博雄さんをもってきたのは、他の人では中途半端《はんぱ》になるにちがいないけれども、和田さんなら農地改革を徹底させることができる、と見こんでのことでした。ところが、組閣にあたって、この人選は鳩山さんをはじめとして自由党の方たちの猛反対を浴びました。「治安維持法にひっかかるようなアカを入閣させるつもりか」といった非難が集中したようです。

もともと鳩山さんから頼まれたようなかたちで引き受けた内閣でした。そのおりに交わした、組閣の人事に口を出さないという約束を破る気かと父は猛烈に怒り、「たしかに、そうだった」というので鳩山さんは自由党内の不満をなんとか押えられたようですが、このころにはや、父と鳩山さんの波乱含みの関係が暗示されているようでもあります。

それにしても、鳩山さんとの約束があったとはいえ、党人でもなく、党内になんの力ももたなかったこの時期の父が、思えばよく自分の意思を貫けたものです。政治のあるところにかならずといっていいほど渦巻く私利私欲、立場ごとの思惑、権力欲といったものの暗い陰の力に取り潰《つぶ》されることなく、政治家としてはほとんど素人《しろうと》の父が思いどおりの組閣をし、政治家としての第一歩を踏み出せたのはいま思っても奇跡のようです。

「日本は外圧によってしか変わらない国だ」

といういいかたがされることがありますが、この当時、その外圧なるものがひじょうに大きな力をもって国内に存在していたという点もけっして忘れるわけにはいかないでしょう。

マッカーサーと父と

日比谷のお濠端《ほりばた》に総司令部を置くマッカーサーとの折衝《せっしょう》は、首相と外務大臣を兼任する父の重要な仕事でした。

幣原内閣の外相時代から父はマッカーサーと接していましたが、このきわめてプライドの高いアメリカ軍人と父とは、戦勝国総司令官と敗戦国の代表という決定的な立場のちがいがあったにもかかわらず、幸運なことにおたがいに理解しあえる部分をもっていたようです。

父もマッカーサーも両方とも強い性格でしたから、もしも波長が合わなかったら、それでおしまいだったろうと私は思います。父はさっさと首相をやめていたでしょう。

「マッカーサーというのはたいへんカンのいい男だ。頭もいいし、カンもいい」というのは、いつも父がいっていたことです。

昔から、「カンのわるいやつだ」というのは、父の最大級のけなし言葉でした。なにか父に話しかけられて、即座にぱっとこたえられないと父はいやな顔をします。「打てばひびくような」といういいかたがありますが、「打ってもひびかない」相手を父は嫌いました。

一度いったことをきき返したりすると、父は不機嫌になります。その父が「頭も、カンもいい」といつもいっていたのですから、マッカーサーという人は、たしかになかなかたいした人物だったのだと思います。

人と人との相性というのはつくづくおもしろいもので、私自身はマッカーサーが嫌いでした。芝居がかっていて、なにかキザっぽい様子がどうにも好きになれなかったのです。私が「嫌いだ」というと、父は「大目にみてやれよ」とおかしそうな顔をしていましたが、私が大目にみようとみまいと、マッカーサー氏にしてみればよけいなお世話もいいところでしょう。

ただし、この人の奥さんは飾り気のないとてもいい人でした。アメリカ人にしては小柄な方で、私とほとんどおなじくらいの高さでした。

戦争直後に、父が東久邇内閣の外相としてマッカーサーに会い、食糧の輸入を訴えたことがあります。昭和二十年、この年、いまだかつてなかったほどの米の不作という事態に日本は直面しました。このままでは一千万人の餓死者を出さざるをえないという噂《うわさ》が広がって、もしかしたらほんとうにそうなりかねないという気さえしたのです。

父は農林当局がはじきだした「四百五十万トン」の食糧が不足しているという数字をそのままマッカーサーに告げ、それだけの穀物の輸入がなければほんとうに餓死者も出かねないと力説しました。

ところがアメリカ側は、なにかヘンだと思ったのでしょう。マッカーサーが自分のところでこの数字を検討させたところ、実際には「七十万トン」で足りることが判明し、あきれたマッカーサーは日本の政府の発表する数字の杜撰《ずさん》さを父に厳しく指摘しました。

そこで父が、

「もしも戦前にわが国の統計が完備していたならば、あんな無謀な戦争はやらなかっただろうし、またやれば戦争に勝っていたかもしれない」

といって笑うと、マッカーサーもいっしょに笑いだしたのだそうです。

そのマッカーサーの話し方は、演説型というのか独演会スタイルなところがあって、部屋のなかを行ったり来たり相手に背中を向けたまま話し続けることもあったようです。むこうを向いてぐるぐる歩きまわりながらしゃべるマッカーサーの英語はアメリカなまりがあって聞きとりにくく、それを拝聴しているのがなんだかばからしくなった父がくすりと笑うと、マッカーサーはぐるりと向きなおって、

「なにを笑っているのだ」

とききます。

「あなたがあんまり歩きまわるから、ライオンの檻《おり》のなかにいるみたいな気がしておかしくなった」

と父は答えたのだそうです。

「それでマッカーサーはなんていったの」と私がたずねたところ、「笑っていたよ」

と父はいっていました。

ライオンの檻のなかといわれては笑うしかなかったでしょうが、当時のマッカーサーは元帥《げんすい》、軍人のなかでも最高位の総大将です。しかもけっして気安いタイプの人ではなく、まわりにいたアメリカ人の将校たちにさえそうそう冗談をいう人ではなかったといいますから、敗戦国の代表を前において演説をぶっている最中に、相手に笑い

だされてはさぞむっとしたことと思います。

それでも、決裂しなかったのは、やっぱりウマがあったというのか相性がよかったというのか。

もうひとつ、父がマッカーサーからシガー、葉巻をすすめられて断わったときのお話があります。マッカーサーといえば有名なコーンパイプですが、シガーもときどきのんでおられたようです。それであるとき、総司令部に行っていた父に、シガーをすすめてくれたそうです。ところが、これは想像ですが、そのときのマッカーサーのそぶりが、ちょっと高飛車だったのではなかったでしょうか。あるいは、ほんとうに日本中に物資のない時代でしたから、不自由しているだろう、かわいそうだから葉巻をすすめてやろうというような調子だったのかもしれません。そこで父は、

「そいつはマニラ産でしょう。私はハバナのもの以外は吸いません」

と、断わったのだそうです。

まあ、いまにして思えば、父が葉巻を断わったくらいのことをことさらに喜ぶのもヘンなものですが、当時の私たちの心境では、そんな些細《ささい》なできごとでも妙にうれしかったものです。

戦争に負けた日本が受諾したポツダム宣言の内容は、無条件降伏でした。日本の全

土は連合軍の占領下に置かれ、日本は独立を失い、国家としての主権も外交権も剝奪《はくだつ》されました。

それでもなんとか国体は護持され、占領軍がとった政策も日本の政府を前面に出した間接統治という穏やかなかたちにおさまりましたが、それだけに政府はすべてにわたって総司令部におうかがいをたて、許可をもらうことが義務づけられていました。

焼け野原となった東京の町のあちこちを、進駐軍のジープが走りまわり、その意気軒昂《けんこう》な様子を目にするにつけても、またアメリカという国の圧倒的な豊かさを見聞きするにつけても、敗戦国の惨《みじ》めさをあらためて感じずにはいられません。

戦争に敗《ま》けるということは、ひとつの国家としても惨めで悲しいできごとでしたが、敗戦国のひとりひとりの人間にとっても、それぞれにいろいろなかたちで誇りを奪われずにはすまされない苦しい経験でした。

そうした敗戦という重苦しい現実があったからこそ、父がマニラ産の葉巻を断わったというようなたわいもないできごとが、「わーい、ざまあみろ」というくらい痛快でうれしく感じられたのでしょう。いったいなにがそんなに、ざまあみろだったのか、いま思うと懐《なつ》かしいような、ほろ苦いような気持ちがします。

まわりにいる私たちのほうがかえって、いろいろな話を耳にしては、喜んだり腹を立てたりしていましたが、実際に総司令部とおつきあいしていた父当人は案外落ち着いたものでした。

「占領軍の政策について、それが日本の実情に合わないときには、はっきり意見をいう。しかしそれでもなお占領軍の言い分どおりに事が決定してしまった場合は、それに従い、時がきてその誤りや行きすぎを是正することができるようになるのを待つ」というのが、父が占領軍とつきあうときの基本姿勢だったようです。

いうべきことはいうが、あとは潔《いさぎよ》くむこうの指示に従う。戦争に勝った側は勝ったほうの役割をはたせばいいし、敗けたほうは敗けた側の役割を潔く演じるまでだというような気持ちだったのでしょう。目的があって、姿勢が決まれば父は驚くほど辛抱強くもできたのです。

毎週のように、父が総司令部に通わなくてはならない時期もありました。

なかなかマッカーサーのところでうんといわれそうもないような法案をもっていって、ついによろしいといわれて帰ってきたときなど、父はとてもうれしそうでした。やれやれという感じでした。

ところが、はねつけられてさんざんいいあいをし、それでも負けたというようなときは、いやな顔をして帰ってくるのですぐにわかりました。

「負けたな、やーいやーい」といってからかうと、父はなんともいえない渋い顔をしました。

マッカーサーのほうも、占領軍の意向をなんでもかんでも「お説ごもっとも」と受け入れるのではなく、「それは、こうではないか」と一応は頑張ってみる父の、いわば敢闘精神のようなものを、ずいぶんよく認めてくれていたようです。

また父は頑固なだけあってイエス・ノーがとてもはっきりした人でした。いまでも日本人はイエス・ノーがはっきりしないというのが問題にされますが、その点、きわめて明確にものをいった父のスタイルはマッカーサーにとってもわかりやすかったのでしょう。

外交官時代からの習慣だったと思いますが、父はマッカーサーとの会見からもどると、かならずその日話し合った内容を秘書官に伝えていました。秘書官はそれを文面にして、マッカーサーのもとに届けます。「自分ではこういうふうに理解したけれど、それでまちがいはないか」ということを、文面で確認していたわけです。自分だけで理解していて、もしどこか思いちがいがあったらたいへんですし、マッカーサーのほうも父から来た手紙は全部きちんととっておいたようです。

近衛さんの死

マッカーサーは占領当初のはやい時期から、占領政策のひとつとして日本の憲法改正をかなり性急に進めようとしているようにみえました。

日本側で憲法改正にいちばん最初に手をつけられたのは、東久邇内閣の国務大臣をされていた近衛文麿さんでした。国務大臣としてマッカーサーと会見したときに、民主的な憲法を制定する必要があるとのサジェスチョンを受けて、よし、そういうことなら自分がやらなくてはとお思いになってのことだと聞いています。

近衛さんはさっそく、「民主憲法」の草案を作る準備をはじめられました。ところが、総司令部のなかから「近衛は戦犯の疑いの濃い人物ではないか、そんなものに新しい憲法の草案を作らせるなどもってのほかだ」といった声がもちあがり、マッカーサーは「近衛に新憲法を起草するようにいったおぼえはない。民主憲法の必要を話しただけだ」という内容の声明を発表します。近衛さんのご努力は、この時点で無効になってしまいました。

近衛さんと父とのおつきあいは、いつごろからだったのでしょうか。それほど古くからおつきあいがあったわけではありませんが、戦争前、近衛さんが息子さんをアメリカにおやりになるときに、父に相談されたことがありました。父は、アメリカ人のお友達を幾人かご紹介したようです。

やがて戦争がはじまり、いろいろご苦労が重なったようですが、戦局がいよいよ絶望的な局面をむかえると、近衛さんは終戦工作に動き出されました。

終戦の年の二月、近衛さんは、

「敗戦は遺憾ながらもはや必至なりと存じ候《そうろう》」

と、陛下に絶望的な戦況をもうしあげ、このうえは一刻も早く戦争を終結させなければならないと上奏されています。

この上奏文を近衛さんが書かれるにあたって、じつは父と殖田俊吉《うえだしゅんきち》さんがお手伝いをしています。このとき父は上奏文を写し、昔からのお友達の樺山愛輔《かばやまあいすけ》さんにお届けして意見をうかがったようです。読まれたあと、樺山さんがこの写しをさっさと捨ててしまいになればよかったのですが、達筆でよく書けているというので大切にとっておかれたのだそうです。ちょうどそこに憲兵隊による家宅捜索が入り、上奏文の写しがみつかってしまいました。自筆で、しかもご丁寧に吉田茂と名前まで書いてあったのですからもうだめです。これが唯一《ゆいいつ》の、そして決定的な証拠となって父は憲兵隊に引っ張られることになります。

その日、私もたまたま大磯《おおいそ》の父のところにいました。夕方、突然憲兵隊がどかどかと家のなかに入ってきて、有無をいわさず父を連れていきます。あっけにとられているうちのできごとでしたが、そんなにながく勾留《こうりゅう》されるなどとは全然思いもしませんでした。父は着替えも持たず、背広のままで車に乗せられていきました。私たちは、すぐ帰されるだろうと思っていたのですが、父自身は、そうは思わなかったのかもしれません。連行されながら、

「煙草《たばこ》、気をつけてくれよ」

といい置いていきました。

父は、若いときから葉巻党でした。そういえば、両切りを吸っているのを見たことがありません。このころ、大磯でも葉巻でしたが、物が手に入りにくい時代です。やっと手に入れた葉巻を、父は自分で大切に管理して大事に吸っていました。戸棚のなかに葉巻の入った木の箱を入れ、箱のなかにはキャベツの葉を一枚入れておきます。葉巻がカラカラに乾かないように、ちょうどよい湿度を保つための工夫です。キャベツの葉だけでは湿度が足りないので、戸棚のなかには、かならず水の入っ

たコップを置いていました。

煙草に気をつけてくれというのは、このことでした。

ところが、あくる日、また憲兵隊がどかどかやってきて、なんと父の大切な葉巻を箱ごとそっくりもっていってしまいます。なんのつもりか、そのときはわけがわかりませんでしたが、あとできいたところでは、父が連行されるときに、煙草に気をつけろといったというので、煙草の箱のなかになにか重要なものが隠してあるにちがいないと思ったらしいのです。ばかばかしい話です。調べられたあと、煙草は全部焼かれたそうです。

父は九段下の憲兵隊に連れていかれ、取調べを受けました。そこから代々木の陸軍刑務所に移されています。

初めのころ、面会は許されていませんでした。のちに、面会は許されましたが、私が行くと父はいやがるに決まっています。牢屋《ろうや》に入っている父を見て、私が父を「気の毒だ」と思うのを、父はいやがるにちがいありません。父は、私の前でいつも格好のいい父親でありたいという、そういうタイプの父親でした。

そこで、面会に行くかわりに、私はお弁当をしょっちゅう届けることにしました。お弁当が届けば、来てくれているんだなということが父にもわかります。着替えや、刑務所で使う毛布も差し入れました。

ひと月ほどもして、父のいた陸軍刑務所が空襲にあいました。焼け出されて、目黒の刑務所に移り、そこも空襲でやられ今度は目黒小学校に移り、そのうち仮釈放になって家に帰ってもいいことになりました。

帰ってもいいといわれても、父も、いっしょにつかまっていた殖田さんも、青い囚人服のままです。父は新橋の行きつけの料亭「山口」の女将《おかみ》さんが中目黒に疎開《そかい》しているのを思い出し、そこを訪ねてお風呂《ふろ》に入れてもらい、女将さんの亡《な》くなったばかりの父親の着物一式を着せてもらって大磯に帰りました。おしゃれな父が囚人服で町を歩いたのかと思うと気の毒でした。

釈放後の、誰一人訪ねてくる人もない大磯の父のところに、近衛さんが訪ねてこられました。そのときの近衛さんのいでたちは戦闘服に戦闘帽というものものしさで、開口いちばん「おい、憲兵はいないだろうな」といわれたのが、なんだかとてもおかしかったのだそうです。

近衛さんと父とは、性格が全然ちがっていました。近衛さんはわりに繊細なところのある方で、父は、

「あいつは公家《くげ》だから」

と、よくいっていました。

近衛さんの憲法起草についてマッカーサーが否定的な声明を出したしばらくあと、近衛さんは戦犯容疑者として告発されました。大森収容所に出頭させられる日の早朝、近衛さんは青酸カリを飲んで自殺されてしまいました。終戦の年の十二月十六日のことでした。

近衛さんの死は、父にとってもたいへんなショックだったようです。父のように気の強い人が、不思議と人の死や人の不幸といったものに弱かったのです。知り合いのどなたかが亡くなられた、病気になられたというような話をすると、「ふうん」と聞きながしながら、むこうを向いて、いやそうな辛《つら》そうな顔をします。

目の前で、誰かが泣いたり悲しんだり苦しんだりするのが、父はひじょうに苦手でした。子供のころ、父の前で、きょうだい喧嘩《げんか》をすると、理由がどうであれかならず年上のほうが叱《しか》られました。「弱いものをいじめるな」というのです。

ずっとあとに、私自身が次男を亡くしたときにも、父はなかなか姿を見せませんでした。ふつう、親子のあいだでしたら、そうした不幸があったときにはあわててかけつけそうなものですが、父はいっこうにやってこようとしません。私が悲しんでいる顔を、父は見たくないのです。三日目に父が来たとき、私は亡くなった子供の話はせずに、もっぱら別のことを話しました。そうしてしばらくいっしょに過ごしたあと、帰りぎわに玄関で、父は私に「ありがとう」といい残していきました。

「よくがまんしてくれたね。泣かずにいてくれて、ありがとう」

という意味だったのでしょう。

近衛さんが亡くなって、あれは第一次吉田内閣のあとだったでしょうか。父が野党にまわったころ、未亡人となられた近衛夫人のいくらかでも助けになればと思ったのか、生前近衛さんが仮住まいされてた杉並の荻外荘《てきがいそう》をお借りして、東京にいるときの隠れ家として使っていたことがありました。

お仏壇のある、近衛さんが亡くなられた部屋に父は寝泊まりして「この部屋には、ときどき幽霊が出るよ」などといっていました。そういいながら、

「出たところで、近衛のお化けなんか怖くない」

とポツリとつぶやいた父の顔をいまでも思い出します。

外交官の妻

父と過ごした日々について、いま、思い出せるかぎり遠くまで記憶をたどってみると、私たちの家族がパリにいたころのことが、頭のなかにかすかに浮かびあがってくるような気がします。

三歳か、四歳になっていたでしょうか。はっきりとおぼえているわけではないのですが、住んでいたのが石造りのどっしりとしたアパートだったこと、私たちのフロアが、たしか三階にあったこと、壁紙の模様が薄い緑色をしていたことなどを、ぼんやりと思い出します。

父が家族を住まわせるために借りたこのアパートは、パリのモンテーニュ通りにありました。

一九一九年、パリ講和会議の全権団の一員として父はパリ在勤を命ぜられ、あとから家族をよび寄せました。

母は四人の子供と乳母と書生を連れて横浜港を発《た》ち、マルセーユに向かいました。

船旅のことも、マルセーユの港の様子も、どうだったのかいっこうに思い出せませんが、私にとってはこれがはじめてのヨーロッパでした。

四人のきょうだいは、いちばん上の櫻子《さくらこ》が十歳、次の長男の健一は八歳。三番目の私の下に弟の正男がいて二歳でした。

小さな子供たちを引き連れての洋行ですから、母はさぞかし苦労も多かったことでしょうが、ヨーロッパは母にとってはなじみのある土地でしたので、そういう意味ではとまどったりためらったりすることはほとんどなかったのではないかと思います。母は娘時代を、ウィーンで過ごしたことがありました。母の父、牧野伸顕《まきののぶあき》がオーストリアの公使をしていたときに母もついていって、むこうで暮らしたのだそうです。

牧野伸顕、私にとっては祖父にあたりますが、この人は大久保利通《おおくぼとしみち》の次男として鹿児島県に生まれています。

明治新政府ができてまもないころ、大久保利通は、岩倉具視《いわくらともみ》さんたちと使節団をつくって欧米を訪問しています。そのアメリカの学校に、大久保は二人の息子を留学させました。明治になったばかりのこの時期に、幼い兄弟を、

「新しい日本にとって有用な人間に育つように」

と、アメリカにとどまらせたのですから、大久保利通は父親としても筋金入りの人

物だったようです。

もっとも、大久保利通にかぎらず、明治の時代をつくった人々の多くはおなじような考え方をしたのでしょう。

日本を近代国家につくりあげるために、自分はなにをなすべきか。国のために、自分はどう貢献できるか。そうしたことをまず第一に考える人たちがいたのが明治という時代の特徴であり、そういう人たちが明治という時代の雰囲気をつくっていたのだと思います。

自分の都合しか考えない、目先のことしか考えられないというのではなく、なにか自分の信念をもって生きるように育てられたのが明治の人だったように思います。アメリカに残されたとき祖父はまだ十歳くらいだったといいます。鹿児島の田舎で生まれ育った少年が、いきなりまわりじゅう外国人ばかりの文明国にほうりこまれて、それでもちゃんと身につけるべきことを学び、父親の期待に応《こた》えたのですから、子供ながらもやはり心に期するところがあったのでしょう。

祖父が十六歳のときに大久保利通は紀尾井坂《きおいざか》で暗殺され、それから数年後に祖父は外務省に入り、外交官の道を歩き出します。

牧野伸顕の娘である母は、したがって外交官の娘であり、海外生活の経験もあったわけですから、駆け出しの外交官だった若かりし日の父との縁組はお似合いのように見えたのかもしれません。

実際に、海外にいるとき、母は外交官の妻としてひじょうによくつとめていました。母の名前は雪子といいました。目が大きくて、口も大きくて、現代的な顔立ちというのでしょうか、外国の人たちは母のことをよく「きれいな人だ」といっていました。娘の私から見ても、母はきれいな人だったと思うのです。

ところが、母は、子供のころから母親である牧野の祖母から、

「私みたいな美人に、どうしておまえみたいなヘボが生まれてきたの」

と、しょっちゅういわれていたのだそうです。

たしかに牧野の祖母は、ほんとうの美人でした。そのことを自分でも知っていて、「自分は美人だ」という確固たる信念をもっていたようです。この祖母が日本的な美人だとすると、母はその規格からは、はるかにはずれた顔立ちだったのでしょう。けれども、それはそうとして、ふつう母親の自分が美人で、器量のよくない子を生んだら、なんとなくもうしわけなくふびんに思いそうなものですが、祖母は、

「こんなに自分はきれいなのに、おまえは……」

と、くりかえしいったというのですから母親としてはずいぶん変わっています。

その結果、子供のときから「自分はきれいではない」と印象づけられてきた、という話を私に聞かせながら、あるとき母が、「そんなヘボなら、どんなへんちくりんな顔になるかと思って鏡の前で研究した成果がこれだよ」

といって、あっというまに目をひっくりかえして、口をひっくりかえして、なんともいえない恐ろしい顔をつくってみせたことがありました。

母の顔がふいに恐ろしい顔になったのを見て、こちらはびっくり仰天です。そうした人の意表をつくおかしな面と、ひじょうに生真面目《きまじめ》な面と、母は両面のある人でした。

海外にいるときの母はなかなかの社交家でした。外国人の友人も多く、パーティによんだりよばれたり、外交官の妻の役割をじゅうぶんにはたしているようにみえました。

ただ、社交家というと、なんだかとても派手に聞こえますが、ほんとうの母はどちらかといえば内気な人でしたから、むしろ努力して、その役割をはたそうとしていた部分が大きかったのかもしれません。

海外にあって、母は日本人として、できるかぎりつとめなくてはならないという思いがひじょうに強い人でした。こうすれば日本のためになる、ああすれば日本人が重きを置かれるようになるという心づかいが、母の日常になっていました。言葉ひとつとっても、ひとどおりの会話に不自由しないくらいには話せたのですが、英語の発音をより完全にしなくてはと、母はローマでもイギリスでも正式に先生について勉強を継続していました。

語学にかぎらず、母は誰にも見えないところで、いくつもの努力をかさねていたのだろうと思います。

養父と実父

どうして外交官になったのか、父にあらためてきいてみたことはなかったのですが、そのかわり、外交官試験を受けたときのことは何度か聞いたことがありました。

外交官試験の口頭試問で、英語でなにかいろいろと質問をされ父がこたえたところ、何人かの試験官のなかのひとりの方が、

「いまの吉田っていうのは英語がうまいね」

といわれたのだそうです。ところが、別の英語を専門になさっている試験官の方が、「とんでもない。あんなでたらめな英語はない」と、こてんぱんにけなされたのだといいます。父の英語はけっして上手ではなかったのです。ふだんの会話で父が使う英語はいい加減でした。

ところが、商売の話、つまり外交の話になると、そばで聞いていて、「ああ、そういう言葉も知っているのか」と、感心するほど上手な英語を話します。そのことで、父を冷やかしたことが何度もありました。自分の専門の商売というのはえらいものです。

職業として外交官を選んだ直接の理由は知りませんが、父は外交官の生活を楽しんでいるように見えました。

もともと外国へのあこがれや興味があったのかどうか、そんな話もとくに聞いていませんが、父が育った吉田の家が海のむこうの国々を向いた商売をしていたために、子供のころから外国の話を聞きながら大きくなったのだろうということはありそうです。

父の父、吉田健三は福井の藩士の家に生まれています。十いくつかのときに長崎に出て英語を学び、幕末のころには英国の軍艦に乗せてもらって、上海《シャンハイ》からシンガポール、ヨーロッパ、アメリカと見聞を広め、日本に帰り着いたのは明治になってからでした。

日本にもどった吉田健三は横浜のジャーディン・マジソン商会に入り、海外からの商品の買い付け、また日本の物産の輸出というような、いわゆる商品取引の仕事に抜群の商才をあらわしたのだそうです。扱った商品は軍艦から生糸までというのですから、いまでいえば商社マンでしょうか。

ジャーディン・マジソン商会から独立した吉田健三は、いくつもの事業を興《お》こし、そのことごとくが成功して、四十歳の若さで病死するまでに一財産を築きあげていました。

吉田健三が亡《な》くなったときに、父はまだ十歳くらいだったといいます。それで、その年端《としは》もいかない少年が、吉田健三が一代で築いた財産をそっくり相続したというのですからたいへんなお話です。

さて、このとき父が相続した財産は、一説によると当時のお金で五十万円、いまの貨幣価値に直すと数十億円に相当するといわれています。

父がお金持ちだったという話はよく聞いていましたが、私自身は金持ちの家の娘という気分は全然味わったことはないのです。

むしろ、海外に出るたびに父は借金をして、日本にいるあいだにそれを返し、また出るとまた借金をするというくりかえしでした。そのまえにあったはずの財産がどこにいってしまったのか、ほんとうに不思議で、一度きいてみようと思っていてとうとうきかずじまいでした。消えてしまった吉田家の財産の行方については、これから先もずっと謎《なぞ》のまま、ということになるのでしょう。

そうはいっても、あったはずの吉田の財産をきれいさっぱり使いはたしてしまったのはまぎれもなく父だったのでしょうが、その父はじつは吉田家の養子でした。

父の実父は竹内綱《たけのうちつな》といって、高知県宿毛《すくも》の出身の自由党の志士でした。この竹内綱という人もたいへんおもしろい人物だったらしく、幕末から明治へかけての混乱期に、土佐、高知を舞台に大活躍をしたのだそうです。

父は竹内綱の五男でした。ちょうど父が生まれようとするころ、父親の竹内綱は西郷隆盛の鹿児島挙兵に際して、頼まれてドイツ製の小銃を横浜のジャーディン・マジソン商会に発注したという嫌疑をかけられ政治犯として新潟の監獄にほうりこまれていました。大久保利通が暗殺された直後でもあり、薩長《さっちょう》を主流とした時の政府にとって、高知出身の竹内綱のような存在は、東京から遠ざけておくにかぎるということだったのでしょう。

竹内綱と横浜の吉田健三は親友の間柄で、吉田に子供が一人もなかったため、かねてより、

「今度生まれる赤ん坊が男の子だったら、キミに養子にあげよう」

「よし、もらおう」

という約束ができていたのだといいます。

そんな相談をしているときに竹内綱は牢屋《ろうや》に入れられてしまい、吉田健三は残された竹内の家族、もうすぐ赤ん坊の生まれる竹内の妻を親身に世話しました。

「そのとき、生まれてきたのが玉のような男の子で」

と、これは父が自分でいっていたのですが、その玉のような赤ん坊は約束どおり吉田にもらわれ、大事に大事に育てられたのだといいます。

父を育てたのは吉田健三の妻、養母になるわけですが、この人は佐藤一斎《さとういっさい》という幕末の高名な儒学者の孫娘で士《こと》といいました。たいへん聡明《そうめい》な人だったようで、父はこの養母にずいぶんかわいがられて育ったようです。

「あんなにきゃしゃなばあさんが、しょっちゅうおれをおんぶして学校から帰った。よくおぶって帰ってきたなあ」

と、父は懐《なつ》かしがっていましたから、祖母は父のことをずいぶん甘やかして育てたのだと思います。吉田の祖父が早くに亡くなったのち、祖母のほうが長く生き、父は祖母をお芝居に連れていったり、訪ねていくといつもなんだかとても親しそうに話していました。

父自身、自分が養子であることを十七になるまで全然知らなかったというのですから、まずまず幸福な子供時代だったのでしょう。

子供時代といえば、あるとき、

「スイカを割らずに食べる方法を知っているかい」

と父が私にききます。

「知らない」

というと、

「ムギワラを突っ込んで吸い出すと、甘い中味だけ吸い出せる」

と父は得意そうな顔をしています。

子供のころ、友達といっしょにさんざんそんないたずらをして遊んでいたようですが、スイカ畑の持ち主にとってはさぞかし迷惑だったことでしょう。

パリ講和会議

二十八歳で外交官試験に通った父の、領事官補としての最初の任地は中国の奉天でした。

母と結婚後、三十歳で領事館補としてロンドンに行き、翌年、大使館三等書記官としてイタリアに行っています。

次の任地は中国の安東《アントン》で、この地で四年間にわたって領事をつとめています。私が生まれたのも、この安東でした。

父が安東で領事をしていたとき、寺内正毅《てらうちまさたけ》大将が朝鮮総督をされていました。あるとき父が寺内大将のお宅におよばれしたところ、お食事になってテーブルについたときに、寺内さんが飼っていらした虎《とら》の子供がお部屋にやってきてテーブルの下に入ってしまったのだそうです。

いくら寺内さんがかわいがっていらっしゃる虎の子供だといっても、テーブルの下で足に触れられると、いい気持ちのわけがありません。同席されていたご婦人がたなど、ずいぶん困っていらしたそうですが、たまたま父が虎にびっくりしなかったというので、父は寺内さんにすっかり気に入られたという話があります。虎にかぎらず父は動物がとても好きでしたから、虎の子供でも父にとってはかわいかったのでしょう。

安東の次はやはり中国の済南《せいなん》の領事を命じられ、もともと欧州在勤を希望していた父としてはあまりうれしくない、いわゆる「チャイナ・サービス」の時代が続きました。このころの外交官としてのひのき舞台といえば英国か米国でしたから、そういう点からみれば、外交官としての父はけっしてエリート・コースをたどったわけではありませんでした。

母の父、父にとって岳父にあたる牧野の祖父は当時、外務省でも内務省でも要職についていましたから、そのつもりがあれば娘婿《むすめむこ》の任地について特別の配慮をすることもできたのでしょうが、そうしたことについては潔癖すぎるくらいの人でした。

くわえて、父自身も、上役や外務省の上層部に対して忠実につとめるというようなタイプでは金輪際なかったので、外交官として誰もがうらやむような道が父のために開かれるということはちょっとむずかしかったのかもしれません。

このような事情があったからでしょう、中国在勤が続き、さすがの父もなんとかしなければと思ったようです。父は牧野の祖父に手紙を書きました。

大正七年。第一次世界大戦が終結に向かい、折りしもパリで講和会議が開かれようとしていたころのことです。

さて欧州戦争もようやく終期も相近く、これより外交の舞台に入り候《そうろう》ことかと相考え候ところ、この空前の外交戦は後学のため、是非とも欧州にありて見学仕《つかまつ》りたく、切々の志願かれこれと先だって来思案仕り候えども、ただ今本省に格別の知己これなく、申し出ようも存じ申さず、ことに着任後日浅きことにて、いかにも致し方ござなく、当惑このことにござ候

ついては小生としてははなはだ慮外千万の儀には候えども、万一御差支《おさしつか》えなきにおいては、この際暫時《ざんじ》にてもよろしく候間、英国あたりに在勤仕り候よう、しかるべき向きへ御推挙願われまじく候や伺い奉《たてまつ》り候　かようの儀は、御迷惑千万のことと万々拝察仕り候えども、前陳の次第にて、他に別案相尽き、やむをえず願い出《い》で候次第につき御諒察《ごりようさつ》願い奉り候　御差し支えござ候わば、何卒《なにとぞ》このまま御聞流しのほど願い奉り候

このときのことを、父は『回想十年』のなかで、

「これは私にとって生れて初めての猟官運動の経験であった。何しろ外務省入りして十数年、いわば裏街道ばかり歩かされてきた時ではあり、パリ会議と聞いては、たとえ外交官の末端とはいいながら、これに列席し得るのは、千載一遇の好機というべきであるから、さすがの私もこの時は猟官運動をせざるを得なかったのである」と告白していますが、実際に、最初でそして最後の、岳父をたよっての「猟官運動」だったのだろうと思います。

パリ講和会議は、父にとって、それほど自分の目で見ておきたい外交舞台でした。日本の全権は西園寺《さいおんじ》公望《きんもち》さんと牧野伸顕に決まり、牧野の祖父は父からの依頼にこたえて随員として全権団に同行するようとりはからいました。

このパリ講和会議で、父は牧野の祖父の秘書官のような立場でしたから、世界中の名だたる外交官たちがあい集い、打々発止《ちょうちょうはっし》の外交戦をくりひろげる講和会議を楽しむ余裕もあったのではないかと思います。

けれども、全権である牧野の祖父にとっては、事態はずっと深刻でした。全権といっても、自分の意思をもって会議に臨めるわけではなく、あくまで帝国日本の意向を代表する立場でものをいわなければなりません。

当時の日本は、列強にくらべて後発国の焦《あせ》りがあったのでしょう。中国やシベリアに対してしきりに野心をちらつかせる日本に、欧米の不信がつのりはじめてきていることを祖父は察知していました。

日本の表裏のある外交が列強の疑惑を招き、日本というのはなにかうさんくさい国だと、欧米に「異様の感」を与えていることを、祖父はひじょうに不安に感じていたようです。

講和会議に出かける直前、祖父は外交調査会の席上で、中国から撤退してでも国際協調につくすことが、結局、政治上も経済上も日本にとって有利だと主張しますが、当時の原《はら》内閣の大勢はとにかく領土を広げなくてはならないという膨張主義のほうに傾いていました。

祖父自身の主張がどうであれ、全権としての祖父は国の意向に縛られ、そのなかで、なんとか日本にとって不利にならないよう外交を展開しなくてはならなかったのですから、思えば頭の痛くなるような話です。

このころに、すでに日本は国際社会のなかで舵《かじ》を大きく切りそこねようとしていたわけです。牧野の祖父の苦衷は、そばについていた父がいちばんよく理解できたことでしょう。

頭のよしあし

パリに着いた家族を迎えに出たときの話を、父はよくしていました。

その話というのが、

「あんまり田舎者ばっかり連れてきたんでびっくりした」

というのですから、ずいぶんです。

田舎丸出しといわれても、このとき母が書生としていっしょに連れていったのは福島の農家の息子で、まだ十七歳くらいの子供です。田舎者でなにがわるいというところですが、この男の子がそれから四十九年間父のそばにずっといて、戦後父が総理大臣になってからは自由党の金庫番として大福帳を預かる役目を受け持つことになったのですから、めぐりあわせというのはつくづくおもしろいものです。

男の子の名前は安斎正助《あんざいしょうすけ》。母は、兄健一のお守《も》り役としてこの安斎少年を雇いました。

兄の健一は、ずっと母の実家である牧野家に預けられていました。父の任地が安東、済南というように中国ばかり続いたので、吉田家の跡取りの赤ん坊を中国に連れていって病気にでもしてはいけないと牧野の祖母が心配したからだといいます。兄の名前は、吉田の祖父の健三から一字をもらっています。

中国からもどった母がひさしぶりに兄に対面してみると、おんぶやだっこで甘やかされて育てられた兄は、母の目にはたいへんひ弱に見えたのだそうです。

「とてもじゃないけど、男の子がこんなに弱くちゃしょうがない」

と母は、兄の相手をしてくれるものを雇うことにしました。

母は安斎少年に、何もする必要はないから、とにかくけががないように気をつけてとだけいって、兄の相手をさせるようにはからいました。

母の判断がよかったのか、兄は無事に大きくなりました。

だいたい、母はきょうだいのなかでは兄や弟をとくにかわいがり、父のほうは姉や私をとっても愛してくれていたというようなところがあります。

父が兄や弟をとくに相手にしているというのは、あまり記憶にないのです。ただ、兄については、

「おまえとちがって、頭がいい」

というようなことをいっていました。

「おなじ親なのに、どうしてそんなに差別して生んだのよ」

などといいかえしていましたが、たしかに兄は私よりずっと頭がよかったのでしょう。いまでも、兄の書いた文章はむずかしすぎて私にはちょっと読みにくいのです。

頭がいいといえば、安斎も頭のいい人でした。小学校を出たきりで子守りに雇われ、いきなり海外に連れてこられたわけですが、世の中には、ほんとうに頭のいい人というのはいるものです。父のそばで執事のような仕事をするようになるころには、字は達筆ですし、英語はできるし、なんでも読むし、あれだけ有能ならどこででも勤まるだろうとみんなが思うほどの、ひとかどの人物になっていました。

それでもよそへは行かず父のそばにいて、あれは父が大磯に引退してからのことだったでしょうか、大磯の父を訪ねたとき、ちょうどバラの季節でした。父のバラ園に真っ赤なバラが咲いていて、なんというバラなのかとラベルを見ると「ジョリ・マダム」とあります。

「ああ、ジョリ・マダムってこれなの」

と私がいったところ、そばにいた安斎が、

「コムヴーマダム」

といいます。

美しい奥様というバラの名前にかけて、タイミングもよくフランス語でお上手をいってくれたというわけですが、パリからはざっと四十年がたっているのです。子供のころ連れていかれたフランスでおぼえた言葉を、四十年ぶりにさらりと使ってのけた安斎にはあらためてびっくりさせられました。

ずっと父のそばを離れなかった人ですから、この人が生きていてくれたら、父にまつわるおもしろい話がたくさん聞けたのにと残念な気がします。

皇太子殿下のイギリスご訪問

パリの講和会議のあと、父は大使館一等書記官として念願のイギリスに赴任することになりました。一九二〇年のことです。

翌年、東宮殿下、つまり当時皇太子殿下でいらした昭和天皇陛下が、イギリスをご訪問になりました。

東宮殿下は軍艦で海を渡っていらしてポーツマス港にお着きになられました。

皇太子殿下をお迎えして大使館ではレセプションが催され、館員の子供たちもみんなよばれました。

このときはじめて着せられたよそ行きの洋服は白いデシンで左肩に赤いバラがついていました。生まれてはじめて履かせてもらった黒いピカピカのエナメルの靴が、うれしくてうれしくてどうしようもない気持ちで大使館に行きました。

このとき、大使館の段々のところで東宮殿下をお迎えしたのをはっきりとおぼえていますが、東宮殿下よりも、自分のピカピカの靴ばかり見ていたような気もします。

お迎えしたあとは、子供たちも大使館でお茶をいただきました。

ロンドンにおいでになった東宮殿下を歓迎して、バッキンガム宮殿では英国王室公式の晩餐会《ばんさんかい》が開かれました。

そのお席で東宮殿下はとてもご立派なご挨拶《あいさつ》をなさり、イギリスの方たちも、列席していた日本人たちもたいへんに感じ入ったのだそうです。

「お若いのに、とてもご立派な方だ」

と、父もひじょうによろこんでいました。

バッキンガム宮殿の晩餐会といえば、英国王室の面々がずらりと並び、著名な政治家や政府の高官の方がたが列席され、つい気圧《けお》されてしまいそうになる独特の雰囲気があるそうですが、お若い日の陛下はまったく自然なご様子で堂々と落ち着いていらしたといいます。

このときの東宮殿下にかぎらず、どんなところに出られても自然な態度でいらっしゃるのは、いまの皇族のみなさまがたもおなじようにお見受けします。

日本人であること

イギリスでは私も学校にあがりました。ストラタムヒルのグラマー・スクールです。そのときもらったはじめての成績簿が最近どこからか出てきたのを、とてもおもしろく見ました。

成績簿には「ほがらかな子供だけれど、言葉ができない。英語ができないので、ほかのお友達と遊ぶのに苦労しているようだ」というようなことが書かれていました。

イギリスにやってくるまえに滞在していた講和会議のパリでは、姉や兄はともかく私はまだ幼稚園にも行かない年齢でしたから、毎日公園に連れていかれたような記憶があります。そこでパリの子供たちと遊んでいるうちに、自然にフランス語をおぼえたのでしょう。

パリから来てフランス語しかできないために、学校で「フロギィ」とよばれていじめられたのをおぼえています。フロギィというとカエルですが、フランス人がカエルを食べるというので、フランス語しかできない私をイギリスの子供たちはそういってからかったのでした。

もうひとつおぼえているのは、日本の鉛筆を持って学校にいったところ、「日本の鉛筆っていうのは折れやすいんだ。削るとすぐ折れる」といわれたことでした。そういわれたのが悔しくて、とても憤慨したのをよくおぼえているところをみると、そんな小さいころから私も「自分が日本人であること」をはっきりと意識していたのでしょう。

父から、われわれ子供は「勉強をしろ」とか「勉強しなくちゃいけない」ということをついぞいわれたことがないのですが、外国に行っているあいだは、「おまえたちは日本をしょって立っている。日本を代表しているんだから、みっともないことをしてはいけない」

と、それだけは厳しくいいわたされていました。

それで、外国にいるときには、みっともなくてはいけないと思って、いわれなくてもよく勉強し、成績もわりによかったのですが、日本に帰ってくると気持ちがゆるむのか、成績もずっと落ちてしまい、また外国にいくと成績が上がるという、そんなことのくりかえしでした。

ロンドンではストラタムヒルというところに家を借りていました。わりに広い庭があって、黒い木イチゴがたくさんなっていました。その木イチゴを「食べてはいけない」といわれていたのに、ためしにひとつ食べてみるととっても甘くておいしかったので、しこたま食べて家に帰ったところ、すぐに乳母にバレて「晩ごはんはなしです」といわれたことがありました。

口のまわりが木イチゴの汁で黒く汚れていたのですから、バレるはずです。乳母はイギリス人でした。私たちは、乳母だと思っていましたが、本人は家庭教師だと思っていたようです。なかなか厳しい人で、イギリス式というのでしょうか、してはいけないということをしたりすると、すぐ「お茶はなしですよ」と罰をくれました。

英語を使わなくては叱《しか》られるので、家では英語と日本語の両方を話していました。この家庭教師のおかげで、私たちきょうだいは、まずまずきれいな英語だといわれる英語を話せるようになったのですから、文句はいえません。

なにかを考えるとき英語で考えるのか、日本語なのか、よくきかれますが、たぶんどちらも混ぜて使っているのだと思います。長いあいだ夢は英語でしたが、いまは夢は完全に日本語です。

ところが、いまだにきょうだいで喧嘩《けんか》になると英語です。日本語では「ばかやろう」以外にいうことがないのですが、英語ならいくらでも悪口がいえるのです。

父の方針

パリからロンドン、それから次の赴任先の天津《てんしん》まで、日本から連れてきたお手伝いさんがいっしょでしたので、海外にいても私たち家族の食事は和食と現地のコックさんのつくるものと両方でした。

イギリスで雇った家庭教師は天津へもいっしょに行きましたが、その地でボーイフレンドができたとかでやめていきました。私たちの英語もまあまあというところまでいっていたので、ちょうど家庭教師を卒業するのによいころあいでした。

海外では、父は、朝、昼、晩と必ず家族といっしょに食卓を囲んでいました。

ただ私が七つ八つのころまでは、夜のお食事は子供たちのほうが先でした。子供たちは六時半ごろにごはんを食べて、父たちは七時半か八時ごろにおとなだけで食事をしていました。

もうすこし大きくなってからは、私たちも父たちといっしょに晩ごはんを食べるようになりましたが、子供のころから、食卓でもちだされた話題については、

「おまえはどう考えるか」

と意見をきかれ、私たちもその会話に入るようにしつけられていました。

意見なり感想なりをきかれて、わかりませんではすまないのが父の方針でしたので、とにかくいつでも自分の考えをいえるようにしておくのが習慣になっていました。ですから結婚してまもないころ、何についてだったか、黙っていてはわるいと思って、

「私はこう思う」

と意見をいったところ、

「日本では、女の人はとくにきかれたとき以外はあまり意見をいわないものだ」

と主人にいわれ、ああそうなのかと思ったことがありました。

ただ「はいはい」といっていればいいのなら、これはラクです。

けれども欧米では、自分が思ったことなり感じたことなりを上手に表現しながら会

話のやりとりができるのでなくては、とても一人前の大人とはみなされません。なるほど日本人と欧米人のものの考え方はこんなにちがうのだと、あらためてはっきりと感じました。

ロンドンではストラタムヒルの小学校に六歳から七歳まで通い、父が総領事として天津に赴任するのにしたがって、家族も天津についていきました。

ここの日本人学校が気に入らず、父は英国人の学校に子供たちを入れようとしました。ところが、東洋人はだめだといわれ、父は憤慨して学校に乗りこみ、校長先生とおおいにやりあった末に入学できるよう話をつけました。

この天津グラマー・スクールへは、兄と私は人力車で通っていました。姉は日本人の女学校に行っていて、弟はこのころはまだ学校にはいっていなかったと思います。

大正十二年、ちょうど夏休みで東京に帰ってきているときに関東大震災が起こりました。震災のあと家族は東京に残り、総領事としての次の任地奉天には父だけが行きました。単身赴任というわけです。

家族が奉天に行かずに東京に残ったのは、子供たちの学校の問題があったからだと思います。東京で、兄は暁星《ぎょうせい》中学に、姉と私は聖心女学院語学校に通いました。

このとき父が家族を住まわせるために渋谷に建てたのが、いまも私の住んでいる家です。

完全な洋館造りで窓を大きくとってありますが、窓硝子《ガラス》は大きな一枚ものにせずに、細かく格子《こうし》を渡して小さい硝子を何枚もはめこんでいます。震災のときに大きな窓硝子が壊れた様子を見て、これではだめだと思った母が特にそのように指図して造らせたものです。

この家を建てるとき、すべてひっくるめて十万円であげてくれといって父は奉天に発《た》ち、あとを仕上げたのは母でした。ところが家の仕上げをし、家具を入れてみると、十二万五千円になってしまいました。家ができあがり一時帰国した父に母がそのことをいうと、父がすごく怒ったのをおぼえています。お金のことで父が怒るのが珍しかったせいで、記憶に残っているのでしょう。

本意ではない中国勤務が天津、奉天と何年間も続き、このころの父はあまり幸福ではなかったのかもしれません。愚痴をいったり、不満そうな顔をしてみせるということのあまりなかった父ですが、四十代という働き盛りの年ごろを考えると、やりたい仕事のできるポジションに置かれていないこの時期の父は、仕事のうえでは不遇だったといえるかもしれません。

イタリアの週末旅行

奉天からもどった父は、外務次官として二年半ほど日本で過ごしたのち、今度はイタリア大使を命じられます。兄はケンブリッジ大学に行っていたので、イタリアへは母と私と弟がついていきました。ローマで私が入ったのもやはり聖心でした。聖心はカトリック系の学校で、世界中にあります。サクロクォーレといい、この学校ではフランス語が使われていました。

父はムッソリーニが嫌いでした。もともと父は明治の時代から身についた根っからの自由主義者です。ファッショの親分であったムッソリーニとは、考え方のどこをとっても合うわけがありません。

駐イタリア大使として信任状を奉呈するためにはじめて対面したとき以来、父はムッソリーニを嫌っていたようです。

その最初の会見の日、細長い広間のいちばん奥の大きな執務机にムッソリーニはいて、父がそこまで歩いていくあいだじゅう、出迎えようともせずこちらを見ていたのだそうです。

自分を偉く見せようという演出過剰の人物だったようで、ムッソリーニについて父は、

「大きな口をきくわりに、まったくあてにならないやつだ」

といっていました。

ムッソリーニとかかわりあうのがいやだったのか、父はイタリアでは遊んで暮らすことに決めたようでした。

ローマでは仕事のない夜は、大使館邸で花がるたをしたり撞球《どうきゅう》をしたりして時間をつぶしていました。勝負となるとかならず役をつくろうとするのが父で、四光《しこう》が好きでまちがってもフケたりはしないのが父の性格でした。

撞球もわりに上手で、鋭角とか鈍角とか、幾何学的な頭は見かけによらずあったのかもしれません。

父と母がそろって美術館や音楽会に出かけることもあったようです。

母は繊細で、わりに芸術的な人でしたから、音楽や美術といったものがほんとうによくわかったようです。ところが父のほうは、とくに芸術に造詣《ぞうけい》が深いわけでもなく、なにも考えずに音楽をきいたり絵をみたりしていました。それでも、おもしろいこと

に、美術館や展覧会に行くと、父はぶらぶらひとまわりしたあとで、かならずいちばんいいとされている絵のところに立ち止まり、

「これはいいね」

というのでした。なにもわかっていないくせに、芸術方面でもカンだけはよかったのでしょう。

ローマでもロンドンでも、父は日本の芸術家を紹介する意味で、大使館でたびたびレセプションを主催しました。

テナー歌手の藤原義江《ふじわらよしえ》さんがローマに来られたとき、例によって父が、

「君の美声はオペラよりも清元《きよもと》向きだ。早い時期に清元への転向を考えたらどうだ」

などと軽口をたたき、さすがの藤原さんもムッとされたご様子だったのをおぼえています。藤原さんがテナー歌手として全盛期にあられたときのことです。

藤原さんとのご縁は、パリ講和会議のすぐあと、父が在英大使館付一等書記官としてイギリスにいたころにはじまったのだということです。

そのとき父の主催で、ラングハム・ホテルという芸術家の泊まるホテルでティー・パーティが開かれ、新聞記者や音楽批評家を前にして、藤原さんが「荒城の月」や「箱根八里」を歌ったのが、欧州におけるテナー藤原さんの公式の第一声だったそう

です。

ミラノに勉強に来られていたソプラノ歌手の原信子《はらのぶこ》さんもよくローマに母を訪ねてこられ、うちにお泊まりになっていました。そんなとき、母の部屋で、原さんが母一人に歌ってきかせていたお姿が私の印象にありありと残っています。

土曜、日曜になると、父は母と私を連れてドライブに出かけ、イタリアじゅうを車で走りまわりました。

泊まりがけで出かける場合、父はかならずホテルを予約しておきました。

「そんな、しちめんどくさいことをせずに、行きあたりばったり適当なホテルに泊まればいいじゃないの」

と私がいってもだめです。大使としての立場があったからでしょう。できごころで、気が向いたところにぱっと泊まるというようなことを、父はまずしませんでした。

おもしろいのは、土日にそうやって家族で遊びに出かけるときのガソリン代は、公用の場合とは別にするようにと、父がかたくいいつけていたことです。ガソリン代を私用と公用とで別に計算しなくてはならない秘書官の方のほうが、めんどくさそうにしていました。

自分のお金については、ずいぶん大ざっぱな使い方をしたらしい父でしたが、そんなところはとてもきちょうめんでした。

新橋

イタリア大使の任期を一年半ほどで終え、日本にもどった父が駐アメリカ大使を断わったいきさつについてはまえにも少しふれましたが、その結果父が置かれたのは「待命」という事実上の閑職でした。

職業上の身分は保たれるものの、命令が下るまでのあいだ待機している状態なわけですから、仕事などなにもありません。暇つぶしに書類の裏にお習字などしながら、さぞかし不愉快な日が続いたことと思いますが、それでも愚痴めいたことは口には出さず「人生は長いし、世の中は広いのだ」というような顔をしているところが立派でした。

イタリアへ大使として出るまえ、外務次官をしていたころもそうでしたが、外務省内の仕事というのが父にはあまり向いていなかったようです。

事務仕事などまるっきり不得意でしたし、若いときから鼻っ柱が強く、なんでもかでも頭から押えつけようとする人が嫌いでした。

外交官試験に受かり、官補《かんぽ》になってまもないころ、父は麻布にあった自宅から霞《かすみ》が関《せき》の外務省まで毎朝馬に乗って通勤していました。ある朝、前方を歩いていく課長を追い越しぎわに父が馬上から挨拶《あいさつ》をしたところ、課長はなにを勘ちがいされたのか頭を下げられたのだそうです。こんな話を自慢そうにするのですから、上役からはなにかとにらまれやすい父でした。

それでも、「生意気なやつだ」と父にたいして腹を立てる上役の方がいらした一方で、きかん気の父を買ってくださる上役の方もいくらかはいらしたようですからありがたいことです。

馬術は父の得意のひとつで、

「もし外務省をクビになったら、調教師で食べていける」

などとよくいっていたものです。実際、なんどか危ないところまでいきかけたようですが、さいわいクビにはならず、したがって父は調教師にもなりませんでした。

日本にもどってきて外務省の仕事をしているとき、父が足しげく通っていたのは新橋でした。

このころ、新橋はお役人ぽい連中を相手にしていて、赤坂のほうは実業界でした。

父がひいきにして通っていたのは、新橋の山口でした。山口は大きな料亭で、そのむかいに清龍《きよりゅう》という芸者が待合をつくっていたので、そこにもしょっちゅう行っていました。まず山口に顔を出してから、今度はこちらの待合にという具合に、父はバランスをとりながらひいきの両方の店に出入りしていました。

父は新橋に通っていましたが、お金を出して誰かひいきの芸者に店を持たせるというようなことはしませんでした。

それどころか、宴会が八時ごろに終わると、父は自宅から車をよびます。私がそのお迎えの車に乗って父のいるお座敷に着くころには、父と芸者衆はにぎやかにおしゃべりをしています。私が十五、六歳ごろのことです。

父は踊りが好きで、そうして私がお座敷にいるときにも、気に入りの芸者さんをよんで踊らせることがありました。父がひいきにしているらしい芸者さんは、美人というより姿のいい人が多く、そういう人たちは踊りも上手でした。

そのころ私も踊りを習っていて、お稽古《けいこ》は夜の十時過ぎにお師匠さんに家まで来ていただいていました。その時間なら父も帰宅していて、私がお稽古をつけてもらうのを見ることができ、おまけにお師匠さんの踊られる様子も楽しめるというわけです。

芸者さんたちのなかでは、父は頭のいい人が好きでした。一度、

「ばかな美人と利口な不美人、どっちがいい」

ときいてみたことがあるのですが、父は、

「美人でも、頭のわるいやつはいやだ」

といっていました。

若いころから父の遊びにはずいぶん年季が入っているようでしたが、娘の私からみても父は芸者衆にたいへんもてていました。どうしてもてるのか、わからないのですが、父のお座敷にきたがる芸者さんがいつもたくさんいるのです。

これが父の不思議なところで、愛想よくするわけでもなんでもないのに、身のまわりにいる人たちに妙に好かれます。

海外に出ていても日本にいても、父は家で働いてくれている人たちにひじょうに好かれていました。

この点について、母がしょっちゅうこぼしていたのは、

「私のほうが、よっぽど優しくて、みんなのことをいろいろと考えてあげているのに、なんでパパにばっかしみんなつくのだろう」

ということでした。

それはそのとおりで、父はわがままでしたし、やかましくいいますし、なにかとい

うと「ばかやろう」と叱《しか》ります。それでも、みんな離れずに長くつとめてくれていました。

どうしてかしらといつも思っていましたが、やっぱり、父という人間が温かかったからなのかなという気がします。

それと、父は人になにかをしてもらうと、かならず「ありがとう」といっていました。お茶を入れてもらっても、どんなに小さなことでも、人からなにかをしてもらうとかならず「ありがとう」とお礼をいいます。ドアを開けてもらっても、かならず「ありがとう」といって出ていきました。

お座敷の芸者衆にも、わりに行儀をうるさくいいました。「お給仕をするのに上座からまわっちゃいけない」とか「客に後ろを見せちゃいけない」とか、そばで聞いているとほんとうにうるさいのです。

きれいな芸者さんをつかまえて、

「おまえは、金魚みたいなやつだね」

と父がいうので、どういう意味かと思ったら、

「おまえの踊りは金魚の立ち泳ぎみたいだ」

などと、いって笑っています。

そういうことをいっても、嫌われないのですからほんとうに不思議でした。そんな憎まれ口をたたいても、父は芯《しん》が親切な人でしたから、身近にいる人たちにはそれがわかったのでしょう。

父と芸者衆のやりとりを見ていると、ほんとうにおもしろかったのですが、いま思うと娘がお座敷に加わったりして、芸者さんたちはさぞ迷惑だっただろうと思います。邪魔者が入ってきても、そうもいえなかったのでしょうが、遊んでもらっている私のほうは、若すぎて、芸者さんたちの胸のうちなど考えもせず、楽しいばかりでしたから気楽なものです。

「若い娘がそんなところに行って」

と母がいわなかったのは、私がついていれば父もなにもわるいことをしないだろうと思ったからでしょう。

十時ごろまで遊んで、父と私はいっしょに車で家に向かいます。十一時までいたらそれはずいぶん遅いほうで、だいたい十時か十時半ごろにはおひらきにしていました。

帰りの車のなかでは、たわいもないことを父としゃべりあっていました。そういうときの父の話はおもしろく、さっぱりとしていて、ちょっと魅力がありました。

娘というのはつまらない。私が芸者だったらよかったなと、そんなときちらりと思ったりもしたものでした。

欧米査察の旅

昭和九年の十月、外務査察使としてヨーロッパからアメリカをぐるりと旅してまわり、欧米の実情を見てくるようにという辞令が父に出ました。三年の待命期間もそろそろ終わりに近づき、翌年には外務省を退官になるはずでしたから、外交官としての父の最後の海外行きというような意味合いがあったのかもしれません。父は五十六歳でした。

親英米派といわれる父が欧米に派遣されるというので、出発の日、東京駅は大騒動でした。国内の右翼的な人びとにしてみれば、この時期、父のような人物を海外に出せば国益を損なうことは必須《ひっす》といった気持ちだったのでしょう。

父が同行する北沢事務官に、

「命が危ないから、おまえ、胸ポケットにシガレットケースを入れておけよ」

といったというエピソードが知られていますが、このころ、たしかにそういう事態が起きても不思議はないくらい、世の中の空気は不穏な気配をはらんでいたのだと思います。

それでも、世の中の情勢はさておいて、このときの欧米旅行は、いっしょについていった十九歳の私にとっては、ほんとうにおもしろいものでした。

それまで、外交官としての父の仕事をサポートするのは母の役目でしたが、このときの査察旅行は私が同行することになりました。

横浜港から朝鮮へ渡り、満州を経てシベリア鉄道でロシア大陸を横断してヨーロッパへ向かい、そこからまたアメリカをまわって帰国するという、かなりきつい予定が組まれていましたし、父にしてみれば、母よりも私のほうがなにかと便利に使えて好都合だったのでしょう。

父に使われるといえば、このころ、

「とにかくママは経済がわからないから、おまえが家計をやれ」

といわれて、家のお財布を預かったことがあります。

家計をやれといわれても、私もけっして数字に強いわけではありません。母よりはすこしましかなというくらいでしたが、父がそういうので、まあ、やってみましょうということになりました。

ひと月を三百円であげるようにいわれ、そのつもりでやってみたのですが最初の月は予算をオーバーしました。父にそういうと「気をつけろ」と叱られました。

ところが、その次の月もまたオーバーしてしまいました。けれども、父にいうのはちょっと悔しかったので、思いついて、私の振袖《ふりそで》と指輪を質屋にもっていきました。材木町の丸加という質屋で、毎日学校に行くときにそこの前を通るので知っていたのです。はじめて質屋に行き、とても恥ずかしかったのでそこのおじいさんの顔までおぼえているくらいですが、ともかく振袖と指輪で七十円くれました。

月末になり、父から、

「今月はどうした」

ときかれ、

「今月は間に合っているわ」

というと、

「それは、よくできたね」

とほめてくれました。ところが、

「そのかわりに質屋に行ったわよ」

といったところ、エーッとびっくりした父に、それこそ頭からどなられました。

すぐに誰かを質屋にやったのでしょう、私の振袖と指輪はもどり、それからは父もあまり小言をいわなくなりましたし、私も家計についてはオーバーしないようになるべく気をつけていました。思えばこのころから、家族のひとりとして家の仕事をすこしずつ受け持つようになっていました。

査察旅行に同行したのもそうしたうちのひとつでしたが、父との旅行はスタートのときからハプニングにみちていました。

ハバロフスクでいよいよシベリア鉄道に乗りこもうという段になって、父が私に向かって、

「切符はどうした」

ときくではありませんか。

「知らないわよ、私、そんなもの」

と答えたものの、びっくりしました。

そこに、北沢事務官がやってきて、

「いや、私が持っております」

と、ちゃんと切符を取り出してくれたからひと安心でしたが、父は万事その調子で、めんどうなことは全部、いわなくてもまわりのものがやってくれると思っていたよう

なところがありました。

シベリア鉄道ではコンパートメントでしたが、ダニがいるだろうといわれていたので、日本から寝袋のようなものをつくっていっていました。寝台に置いた寝袋のなかにもぐりこみ、首のところを紐《ひも》できゅっと巾着《きんちゃく》のように締めます。襟まわりに、ノミとり粉をずっと振って、それでどうにか眠る態勢が整います。

コンパートメントに用意されている枕《まくら》は中味がワラで、夜中になるとダニどもがガサガサ動くのが聞こえました。それでも新聞紙を外側に巻いて、その枕でぐっすり寝ていましたから、それだけ若かったということでしょう。

シベリア鉄道で、窓から見える景色はそれは雄大なものでした。とにかく見渡すかぎり、なにもない原野が続くのです。

どこまでもはてしなく続くように思えてくる旅のあいだ、はじめの三日ぐらいは持って乗ったお弁当を食べていましたが、あとは乾パンみたいなものと、売りにくるカレーのようなもの、ボルシュのようなものも買っていました。アルミの器に入っていて、お世辞にも清潔だとはいえなそうな食べ物でしたが、おなかがすいたらそんなことをいってはいられません。

ところが父のほうは、汚ないと思うとほとんど食べる気がおきないらしく、苦い顔をしていました。

こうした食べ物のほかに、子供が、塩を売りにきていました。人間にとって塩はなくなると生きていけなくなるほどの必需品ですから、かたまりを買ってかじっていました。塩をかじりながら旅をするなど、いまの人たちには想像もつかないことでしょうが、当時はそんなものだったのです。

旅に着ていくものについては、毛皮を着ていっていいものかなあとちゅうちょしましたが、ほかに着るものがなかったので手持ちの毛皮の外套《がいとう》を着ていくことにしました。そうしてモスクワに着いてみると、秋だというのにすっかり寒くて、町を歩くとまるで動物園みたいにあっちもこっちも毛皮だらけです。

このころ着ていた毛皮はシェーブルで、いまでも外套の裏につけて使っています。五十年以上もっているわけですから、毛皮というのは、ぜいたくなようでいて結局は実用向きで経済的なものだといえるかもしれません。

モスクワでは、よっぽど退屈していたのでしょうか、父が古道具屋みたいなところに行くのについていったことがありました。

父は、なにかいい絵はないかなというつもりで入ったのでしたが、あいにくその店には気に入るものはありませんでした。

ところが、ちょうどそこに、ペンダントになっているきれいなダイヤの首飾りがありました。その当時でも、いかにも古めかしく見える首飾りでしたから、きっと落ちぶれた貴族かなにかが古道具屋に売ったものだったのだと思います。

「あら、これ、かわいいからほしい」

とためしにいってみたところ、そんなものをねだられたのは初めてだったからでしょう、

「ああ、いいよ」

と、値段もろくすっぽきかずに父は買うことにしてしまいました。

いくらだったのかは忘れましたが、値段をきいて、「あ、わりにお安いものだな」と思ったのはおぼえています。

というのも、この当時のモスクワはたいへんな混乱期にあって、誰も宝石どころではない状態だったからです。代々伝えられた由緒《ゆいしょ》ある宝石類が、二束三文で売りに出されるといったことも、きっとあったのでしょう。

とてもきれいだと思って買ってもらった宝石でしたが、どういう人が、どういう状態で売りに出したのかを考えるとなかなか身に着ける気持ちにはなれず、ずっと大切にしまっておいたまま数十年がたち、いちばん上の娘がお嫁にいくときにもたせてや

りました。

それで、その娘のところの孫娘が今年二十歳になり、娘から、

「ママ、わるいけど、いただいたペンダントを娘にあげていいかしら」

と許可をもとめられました。

もちろん、どうぞどうぞといいましたが、そのとき、私も何年かぶりにそのペンダントを見ました。遠いモスクワのペンダントが日本に来て、また代々娘から娘へと受けつがれていっているというわけです。

父の欧米査察の旅は、モスクワからワルシャワへ、次にベルリン、それからパリ、ロンドン、オランダ、ベルギー、オーストリアと続きました。各国におかれている日本の大使館や公使館を訪ね、現地の実情をきき、日本の様子を知らせるというのも外務査察の重要な目的でしたから、とにかくヨーロッパ中をもれなくまわらなくてはという意気ごみでした。

オーストリアのウィーンからオリエント急行でトルコへ、そこから黒海を船でルーマニアのブカレストへ。いったんパリにもどってからジュネーブを訪ね、飛行機でパリにもどると、次はいよいよ大西洋を渡ってニューヨークでした。

ニューヨークで父は、エドワード・ハウス大佐に会っています。

ハウス大佐と父は、第一次大戦後のパリ講和会議のときに面識ができていました。このとき、祖父の牧野伸顕とハウス大佐がひじょうに懇意の間柄になったため、牧野の祖父に頼んで全権団に加えてもらっていた父の顔もハウス大佐はよくおぼえていたのでしょう。

ハウス大佐は、第一次世界大戦の前後、米大統領ウッドロー・ウィルソン氏の顧問として国際外交舞台で活躍した人物でした。

そのハウス大佐が、ニューヨークで父と再会するや、開口一番いったことが、「ディプロマティック・センス（外交的センス）のない国民は、かならず凋落《ちょうらく》する」ということだったのだそうです。

ハウス大佐が強調した「ディプロマティック・センス」を、父は「外交的感覚」「国際的なカン」というように説明していますが、大佐に指摘されたとおり、あるいは大佐に指摘されるまでもなく、当時の日本の国際社会における「カンのわるさ」に、誰よりも腹立たしい思いを重ねてきたのが父だったのだと思います。

査察の旅から帰国した父は、よくそのことをいっていましたが、世の中の流れを変えることはできなかったようです。

湯河原

昭和十年の秋、待命期間を満了して、父は三十年間つとめた外務省を退官しました。五十七歳でした。

年が明けて、昭和十一年の二月二十五日。

ちょうどその日、私は祖父の牧野伸顕が滞在していた湯河原《ゆがわら》を訪ねていました。

このころ、私は、しょっちゅう牧野の祖父のもとですごしていました。牧野の祖父が大好きだったからです。仲がよかった、といういいかたは祖父と孫娘ではあまり適切ではないかもしれませんが、実際に、祖父と私はとても仲よしでした。

祖父はひじょうに頭のいい人で、なになについてもわかりの早い人でした。私の相談ごとには、いつもたいへんプラクティカルな答えをかえしてくれましたので、安心して相談ができました。

もちろん、父もどんな相談ごとでも聞いてくれましたが、祖父とちがって父は自分の好き嫌いが多い人でしたから、すぐに、

「ああ、あいつは虫が好かないからだめだ」

というようなことをいいます。

話をしておもしろいのはぜったいに父でしたが、真面目《まじめ》な話になると祖父の深みのある、てごたえのある意見をぜひともきいてみたくなります。相談ごとの種類によっては、祖父のほうがはるかに適任だということもあったのです。

祖父と父とは、ならべてみるとまるで白と黒ほども性格がちがっていました。祖父はなにごとにも用心深く慎重で、石橋をたたいても渡らないほうでしたが、父は全然たたいてもみずにぴょんぴょん飛んで渡ってしまうような人でした。

それだけ慎重な祖父が、わが娘に父のようなお婿《むこ》さんを選んだというのは考えてみると不思議ですが、祖父にしてみれば自分にないものを父に見出《みいだ》したのかもしれません。また父のほうも、牧野の祖父には全幅の信頼をよせていました。性格が真反対だったために、かえっておたがいに好きだったということなのでしょう。

この日、突然思いたって私が湯河原の祖父を訪ねたのにはわけがありました。

少しまえに、私は祖父の勧めで、祖父の親友の息子さんとお見合いをしていました。祖父の親友のご老人には、私も何度もお目にかかったことがありましたが、とても立派な方で、いつもお会いするのが楽しみでした。この方の息子さんならとよろこんでお見合いをしたのですが、ご本人は似ても似つかない方でした。お断わりしなくてはと思いながら、お父さまがご病気だと聞いていましたので、ここで断わってしまってはご病気に障《さわ》りはしないかしらとしばらくちゅうちょしていました。

けれども、返事をさしあげるのがあんまり長引いてはかえってわるいと思い、思いきってお断わりしたところ、二日めぐらいに相手の方のお父上は亡《な》くなってしまわれました。

そうなると、お断わりしたことがほんとうに亡くなったご老人の死期を早めたような気がして、どうしようもなく気持ちが沈みます。くよくよ思っているうちに、だんだん神経衰弱みたいになってきて、私は、どうしても祖父に話を聞いてもらいたいと思いました。

いったんそう思うとすぐにも祖父に会いたくなって、東京駅からひとり汽車に乗りこみ、熱海《あたみ》で降り、当時祖父が別荘に借りていた湯河原の伊藤旅館の別棟《べつむね》に私が着いたのは、二十五日の夜の九時ごろだったでしょうか。

よっぽどせっぱつまった表情をしていたのでしょう、私の顔を見ると、祖父は、

「まあ、落ち着いて。一晩ゆっくり寝てから、明日の朝、聞こう」

といいます。

なるほど、そのほうがいいにちがいないと思って別室にひきとると、祖父の近くにきて安心したからでしょう、なにも話さなくてもすこしは気分が落ち着き、その日の夜は祖母と枕を並べていつのまにかぐっすりと眠りこんでいました。

二・二六事件

明け方、五時ごろだったでしょうか。

パンッという、ピストルのような音で目がさめました。おやっと思って身体《からだ》を起こすと、今度は続いてパン、パンと二つ鳴るのが聞こえます。

「ああ、これは完全にピストルだ」

と思い、廊下に出ました。とにかく祖父のところに行かなくてはと思いました。

祖父が別荘に借りていた伊藤旅館の別棟は、三間ほどの小さな家でした。表の居間に祖父が寝て、看護婦がひとりついていました。奥の部屋には祖母と私が寝ていて、玄関脇《わき》の部屋には護衛の警官が寝ていました。

部屋を出て玄関のほうへ行くと、護衛の警官が倒れています。駆け寄って、なんとか起こそうとひっぱってみましたが、大きな人でしたのでぜんぜん動きません。護衛官はどこかを撃たれている様子でしたが意識はしっかりしていて、

「いや、僕はいいですから、伯爵《はくしゃく》のところへいらしてください」

といいます。

いそいで表の座敷に行くと、祖父は、起きて床に座っていました。玄関のほうには護衛官を撃った人たちがいるにちがいないので、雨戸を開けて祖父を外に出しました。祖母も看護婦も続いて外に出ました。

別荘は崖《がけ》っぷちに建っていて、崖の下は道路です。崖から飛び降りるわけにはいきませんし、両側は塀でしたから、どこにも行きようがありません。その場に四人かたまってじっとしていると、下の道路から兵隊が撃ってきました。

とっさに思いついたのか、祖母は、私が寝巻の上から引っ掛けていた羽織の下にさっとばかり祖父を隠しました。羽織は夜中に起きたりするときのために旅行の支度に入れてきていたもので赤と黄色の唐桟《とうざん》の縦縞《たてじま》でした。寝るまえに、前髪のカールをとめるためピンクのヘアバンドをしてそのままでしたから、私は遠目にはずっと子供に見えたと思います。

祖父を隠すところを見ていたのでしょう、下の道路から私をめがけて撃ちかけてきました。おどかして、前にいた私をどかせようというつもりです。何発かの弾が、顔のそばをヒュッと風を切っていくのを感じました。

そうして祖父をかばって立っているのは怖いのですが、だからといって「はい、どうぞ」と祖父の前からどくわけにもいきません。いくら怖くても、人間というのはこういう場合、意地のほうを優先するもののようです。

また、ほんとうに死に直面したときには、思うほどには怖くないものです。ただ、目や腕に弾が当たったりしたらいやだな、当たるのならうまく一発で命中してほしいものだというようなことをちらりと思ったのをおぼえています。

そのうち、誰かがガソリンをかけて火をつけたらしく、家が燃えはじめました。私たちが立っている軒下からも煙が出てきています。

そのとき私の頭に浮かんだのは、焼け死ぬには、身体が三分の二以上焼けなくてはならないという、嘘《うそ》かほんとかは知りませんがたしかにどこかで読んだおぼえのある話でした。死ななくてはならないのだとしても、ここで身体が三分の二焼けるまで待つというのはちょっとかんべんしてほしいと思いました。

「おじいさま、撃たれるかどうかわかりませんけど、あっちへ逃げてみましょうよ」

と後ろの祖父に声をかけ、みんないっしょに崖っぷちを走りました。

そのままつきあたりの黒い塀まで来て、勢いにまかせて体当たりしたところ、塀がむこう側にバタンと倒れました。塀のむこうは裏山です。倒れた塀のところから祖父を連れて出て、必死の思いで裏山をはいのぼり、上にたどり着いてみるとまだみんな生きていました。

裏山は身を隠すものもない禿《は》げ山でしたから、その崖をはいのぼれば、後ろから狙《ねら》い撃ちされるものと覚悟はついていました。

ところが、あとで聞いたことですが、たまたま祖父が倒れた塀につまずいてばったりと倒れたのを、下の道路の兵隊たちが、自分たちが撃った弾が当たって倒れたと勘違いしたという幸運があったらしいのです。私には聞こえませんでしたが、祖父が倒れたとき、兵隊たちは「成功」と叫び、さっそく引き上げにかかったのだそうです。また、これもあとでわかったことですが、明け方寝こみを襲われたときに、玄関で護衛官が応戦し、相手がたの大将と副大将格の人たちをやっつけてくれていたのだそうです。そのため、指揮官を失った兵隊たちの行動はかなり統率を欠いたものになっていて、襲撃の結果をきちんとたしかめもせずに引き上げていったわけですが、私たちにとってはじつにありがたいことでした。

朝、目をさましたときに聞いたピストルの音は、護衛官と襲撃者たちが撃ちあった音でした。命がけで祖父を守ってくれた護衛官は、自分も撃たれていましたから、家に火をつけられたとき逃げることができませんでした。こめかみを撃ち抜いていたといいますから、自殺したのでしょう。この人の命日には、祖父もかならずお参りにいっていました。

裏の崖をのぼりきったところには道が通っていました。見おろすと、火をつけられた別荘が燃えあがっているのがよく見えます。

そのときにはまだ、兵隊たちが引き上げていったことも、撃ってきたものたちが誰なのかも、襲撃の目的もなにもわからず、裏山の上にみんなでかたまって息をひそめていましたが、気がつくと、降りしきる雪です。

それまでは無我夢中でしたが、なんとか助かったと思ったとたん寒さがつのってきます。明け方まだ寝ているところを襲われて、みんな寝巻のままはだしで飛び出してきているのです。

祖母は寝るときはいつも、寝巻の上に半幅《はんはば》の寝巻帯というのをちゃんとお太鼓に締めていました。床に着くときにはお太鼓が背中にあたらないよう前にもってきますが、いざというときにはぐるりと後ろにまわして、たとえ寝巻姿でも見苦しくないようにというたしなみのひとつだったのだと思います。

ところがこのとき、そばに座りこんでいる祖母を見ると、帯のお太鼓は前にきたままです。せっかくの「いざというとき」に理屈どおりにはいかなかったようで、なんとなくおかしくなりましたが、祖母としてもあんまり驚いてそれどころではなかったのでしょう。

どれくらい、そこにそうしていたでしょうか。

しばらくすると、上の道から一台の車がやってきて、乗るようにといいます。乗れといわれても、相手は敵なのか味方なのか全然わかりません。けれども、そのままそこにいてもしかたがないし、車の人が「だいじょうぶです、だいじょうぶです」としきりにいってくれるので、祖父と私が乗っていくことにしました。

山のなかを一時間半ほどドライブして、山奥の小さな家に連れていかれました。ちょっとおばけが出そうな家です。通された部屋には火鉢がありましたが、寝巻ですから寒くてたまりません。

襲撃されて逃げだしたときは夢中でしたが、考える余裕が出てくると、かえって怖くなってきます。

ラジオもなにもありませんから、何が起きたのかいっこうにわかりませんし、これからどうなるのか皆目見当もつきません。なにもしないで座っていると、襲撃者たちがまたいつやってくるかと不安がこみあげてきます。

そのうち紅茶が出され、飲んでしまってふと見るとまだ角砂糖がいくつか残っています。そこで、思いついて角砂糖に鉛筆で一から六までサイコロの目を書き入れ、祖父とダイスをして時間をつぶしました。

結局その家に一晩いて、二日めに東京から車で人が迎えにきてくれました。はじめのうちはわけがわからず怖かったのですが、あとできくと祖父と私を裏山から連れていって一晩かくまってくれたのは湯河原の町の人で、県庁に勤めている方だったのだということです。

東京にもどると、今度は品川の原邦造さんのお宅にかくまわれました。やっとここに着替えをもってきてもらいましたが、それまでは寝巻と羽織でしたから寒さが身にしみました。ほんとうに、あんなに寒い思いをしたことはありません。いまでも二・二六事件というと、怖さよりも、寒さのほうをまず思い出します。

原さんの家に、それから二晩ほど隠れていて、結局家にもどったのは事件から四日後でした。とにかく兵隊の誰が反乱軍に属し誰がそうでないのかわからないのですから、安全だとわかるまで隠れているほかなかったのです。

いっしょに身を隠しているあいだ、祖父から、

「怖い思いをさせて、おまえには気の毒したな」

としきりにいわれましたが、ほんとうに「ここで死ぬのだ」と何度も思うようなめにあったのですから「いいえ」とはいえません。「そうね」と答えておきました。

二・二六事件と後によばれることになったこの事件の中味は、皇道派とよばれる陸軍の青年将校たちによる一種のクーデターでしたが、なぜ牧野の祖父が襲撃されなくてはならないのか私には不可解なことでした。

親英米派とみられていたことが、牧野の祖父が彼らに狙われた理由だとも聞きましたが、わけのわからない話です。

幸運にも祖父は殺されずにすみましたが、このときの襲撃によって、鈴木貫太郎さんは重傷を負い、大蔵大臣をされていた高橋是清《たかはしこれきよ》さん、内大臣の斎藤実《さいとうまこと》さん、教育総監の渡辺錠太郎《わたなべじょうたろう》さんが凶弾に倒れています。

私自身、湯河原の別荘で下から狙い撃ちにされたときに、弾がピシッと音をさせて髪の毛をかすっていった感触は、それから先もずっと忘れられないものになりました。

事件のすぐあとの二、三カ月などは、

「私はもう、あのとき死んだはずの人間なのだから、これからはまともな人生を生き

よう」

とかなり真剣に思ったものです。

そのうちに、そんな決心をしたことさえ忘れてしまいましたが、このときの経験は、それから先の私の人生にとっては、けっして無駄ではなかったと思います。苦しかったりつらかったり、人生のむずかしい局面に行きあたるたびに、

「あのとき、一度死んだのだと思えば怖いものなどなにもない」

と自分にいって聞かせます。

そうすると、不思議に度胸がすわって、いろいろなことに立ち向かう気力がわいてくるのです。

駐英大使

二・二六事件直後、岡田内閣は総辞職し、広田弘毅《ひろたこうき》内閣が誕生しました。

広田弘毅さんと父とは外務省の同期にあたり、組閣にあたって父に外務大臣を引き受けるよう求められました。広田さんのお申し出を父は内諾し、新内閣の顔ぶれが新

聞にも発表されましたが、そこに軍部からの横やりが入りました。
たしかにこの当時の空気からすれば、軍部が父のような自由主義者、親英米派の人間を外務大臣にすえることをよろこぶはずがないというのは誰にでもわかることでした。

けれども、二・二六事件という不祥事を引き起こした直後に、陸軍がそれだけ公然と組閣人事に干渉し、また干渉される側もそれを受け入れざるをえなかったという事実は、結局、数年後には太平洋戦争にまで突入せずにはいられなかったそのころの日本の状況をよくあらわしているように思います。

軍部の反対で父を組閣に加えることのできなかった広田さんは、気の毒に思われたのか、父を駐英大使に任命されました。昭和十一年四月のことです。

駐英大使としてイギリスへ行くことを承諾したこのときの心境を、父は『回想十年』のなかで次のように語っています。

「当時の国内事情はもとより、国際政情、わけても日英関係からいっても、あの際駐英大使として赴任するのは、内外において随分嫌な思いをするのを覚悟せねばならぬと考えたが、同時にまた内心では『こうした秋《とき》にこそ、私のようなものでなくては』という自惚《うぬぼ》れもあって、敢《あ》えて大任を引受けることに決心したのである」

たしかに、父も自覚していたとおり、この当時、日本は内も外もひじょうにむずかしい状態にありました。

それでもイギリス行きを引き受けたのは、なによりもまず父がイギリスをとても好きだったことが大きいのではないかと思います。

また、イギリスには個人的な知り合いも多かったので、これだけむずかしい状況にあっても、

「自分が行ってひと働きもふた働きもすれば、すこしは事態をよくすることができるはずだ」

と思ったにちがいありません。だいたい父は、どんなときでも、ものごとをひじょうに楽観的にみる人でした。

その年の六月、大使としてイギリスへ赴任する父には、母と私がついていきました。

イギリスに着いてまだまもないころだったでしょうか、当時ベルリンにいらした駐独陸軍武官の大島浩《おおしまひろし》さんが父を訪ねていらしたことがありました。

大島武官といえば、そのころ台頭してきていたナチス・ドイツにずいぶんと心酔していらっしゃるという評判の方でしたが、「日独防共協定」について賛成するようにロンドンまで説得にこられたのだということでした。

この件について在外大使の賛成を求めるといっても、すでに政府は陸軍に押されて協定の締結を決めていたようですから、父が反対しようと賛成しようとどちらでもよさそうなものですが、大島武官はなんとしても父から賛成という言葉を引き出したいと思われたようです。

ところが、父は、ナチスもヒトラーも嫌いでした。

当時の国際情勢をにらめば、そろそろ独伊、英仏の対立が目立ちはじめていましたが、父としては、日本はどちら側にもくみせず、柔軟な外交力をもってうまく舵《かじ》を取っていくのがいちばんいいと思っていたようです。それでも、どうしてもどこかと組まなければならないのなら英米を選ぶというのが父の考えでした。

大島武官がわざわざロンドンまでいらして賛成を迫られた「日独防共協定」は、あきらかに日本の立場をドイツに近づけるものでしたから、父はあくまで反対を譲らず、しまいには殴り合いにならんばかりの様子だったようです。

もともと父は、論理的にものをいったり、辛抱づよく相手を説得したりするのがあまり上手ではなかったように思います。気が早いので、かんしゃくのほうが先になってしまって、理路整然とものをのべるというのは不得意なほうだったという気がします。

反対されるとすぐカッとなるのですから、議論も上手ではなかったのでしょう。それで、負けそうになるとすぐ「うるさい」「ばかやろう」で終わってしまいます。誰かと議論をした話は、帰宅してからよくしていましたが、「あいつはばかだから」とか「あんなにわるいやつだから」とか、そんなことばかりいっています。

「それで、結局ばかやろうですませたんでしょう」

ときくと、ニヤッと笑うので、

「やっぱり、負けてるじゃないの」

ときめつけてやると、てれくさそうな顔をしていました。

大島武官と会ったときもこの調子だったのでしょうが、父にしてみれば、日本がドイツに近づき、英米との関係を険悪なものにしていくことがどれだけばかげた選択であるかは、それこそわかりきったことでした。

どんなに説明しても、その明白な事実が相手に理解されないわけですから、はじめのうちはずいぶんイライラして、そのうちになんだか情けないというような気持ちになっていったようです。

それでも、当時、こうした事態を憂《うれ》えるのは父ばかりではありませんでした。フランスには杉村《すぎむら》陽太郎さん、ベルギー、ルクセンブルグには来栖《くるす》三郎さん、ドイツには武者小路公共《むしやのこうじきんとも》さんといった方がいらして、そうした方たちと、日本が三国同盟のほうに向いていくのが、いかに事態をむずかしくするか、いかに怖いかをさかんに議論していたものです。

父にかぎらず、このころ国際社会の動向がすこしでも見える立場にいた人たちの多くは、ドイツという国の危うさを肌で感じていたのでしょうし、イギリスやアメリカといった国のもつ圧倒的な底力を知っていたのだと思います。

ところが、いまのようにテレビがあるわけではありません。離れ小島になっていた日本のおおかたの人たちにとっては、世界の情報など全然わからないというのが現実でした。

軍部にしても、海軍の方がたは練習艦隊で外に出る機会がありましたから、外国というものを知っている人が多かったようですが、陸軍のほうは外国というものをほとうになにも知らなかったのだといいます。

「無知なものが権力をにぎるほど怖いことはない」

というのはよくいわれますが、まさにそのとおりの事態になっていったということでしょう。

朝帰り

私たちがイギリスにいるあいだ、日英関係はわるくなる一方でしたから、父の機嫌は当然よくなかったのですが、ついていった私は毎日をおおいに楽しんでいました。

そういうとずいぶんと不謹慎なようですが、母にしても私にしても、いったい日本はこれからどうなってしまうのかしらという思いは、いつも頭からはなれずにありました。はらはらして見ていると、日本のお国のやることはほんとうに信じられないことばかりです。祖国を離れているだけに、国を思う気持ちもつのりますから、日本の先行きがただただ心配でした。

けれども、そうした大きな心配ごとを抱えていても、イギリスでの日々の生活は、私にとって楽しさと輝きに満ちていたように思います。

母や私よりもはるかに苦労の多い立場にいた父にしても、駐イタリア大使としてローマにいたときよりも、イギリス大使としてロンドンに暮らした日々のほうがまだ心楽しむことが多かったのではないかと思います。

というのも、ローマにいたときには日本とイタリアという国家どうしはひじょうにいい関係にありましたが、父はムッソリーニをはじめとするイタリアの政治家たちと心を通わせることがほとんどありませんでした。けれどもロンドンでは、日本とイギリスの関係こそどんどん悪化していきましたが、個人レベルではネヴィル・チェンバレン首相にしてもイーデン外相にしても、イギリスの政治家たちと会えば会話もはずみ、たくさんの心の通いあった交際もあった様子でした。

父にとっては、国家どうしの関係と、個人的な関係がクロスしていたのです。

朝、ロンドンのグローヴナー・スクエアの大使館邸で、目がさめたときに私がまず思うのは、

「今日は、なにをして遊ぼうかしら」

ということでした。

ダンスはもちろんのこと、乗馬クラブで馬に乗ったり、お友達の家族といっしょにピクニックに出かけたり。友達とテニスやポロの試合を観《み》にいくのもおもしろく、そのころはゴルフをしていましたからコースに出るのも楽しみでした。

子供のころから、海外にいるときにはいつも、

「おまえは日本人とつきあうために連れてきたんじゃない。そこの国の人とつきあうために連れてきたんだから」

といわれていましたから、外国で日本人の方とつきあうということはあまりありませんでした。大使館員のお子さんがたにしても、年に二、三回はお目にかかっていましたが、ふだんのおつきあいというのはなかったのです。

それで、ローマでもロンドンでも、そこの人たちと交際することになりましたが、ローマではみなさんが社交的だったので、わりにはやく現地の社交界に入れました。ところが、ロンドンの社交界というのは、よそ者に対してはガードが固いのです。それが、ひとつドアが開くと、次々にみんながドアを開けてくれます。ひとりの人と親しくなって、最初のドアを開けてもらうまでに、六カ月ぐらいかかったでしょうか。そうしてロンドンの社交界に受け入れてもらってからは、毎日遊ぶことがいくらでもありました。

五月の半ばからはパーティの季節がはじまります。十八歳になるとみんな社交界に出てきますから、お嬢さんのいるうちではたいていシーズンのうちに一回はパーティをします。

女の人は裾《すそ》の長いイブニング、男の人は燕尾服《えんびふく》に白タイでした。大きな家《うち》はダンスのためにバンドを入れていましたが、夜中の一時を過ぎるとバンドの人たちが帰ってしまうので、そのあとはレコードに替えて明け方まで踊ることもありました。一晩中踊って、明け方に帰るときにはかならず誰かが送ってくれます。ボーイフレンドに送ってもらって朝帰りというわけですが、私が帰る先は大使館でしたから、お巡りさんが門のところに二十四時間立っています。

そこにイブニングの裾をひいて朝の三時か四時に帰ってくると、警備のお巡りさんから、

「グッドモーニング ミス」

といわれます。

それでもすまして「グッドモーニング」などと挨拶《あいさつ》をかえしながらお巡りさんの横をすり抜けて、自分の部屋にもどるのでした。

父は門限など全然いいませんでしたから、そういうところはほんとうに自由でした。ところが、週に一、二回、朝、父がハイドパークを馬に乗って散歩するのについていくことにしていたので、まえの晩に夜更《よふか》しをしているとたいへんでした。

まえの晩、三時か四時ごろ帰ってきて、すぐあくる朝八時から馬に乗ると、二日酔いも手伝って、もう気持ちがわるいなんてものではありません。それでも、

「きのうは、三時まで遊んでいたの」

などとはさすがにいえませんからすまして乗っていましたが、二日酔いで馬に乗るのは、ほんとうに気持ちのわるいものです。

お酒は、五つか六つぐらいのときから父と飲んでいました。晩酌していて機嫌がいいと、父は、

「おい、一杯やろう」

などといって、食堂でおちょこに一杯ほど飲ませてくれていたのです。

私がもっと大きくなってからは、父は、

「女はいくら飲んでもいいけど、酔っ払うことは絶対に許さない」

といっていました。

ですから、父の前で酔っ払ったことは一度もないのです。

それはそうとして、じつは、父の知らないところでとんでもなく派手に酔っ払ったことがありました。

毎年、五月になると、テムズ川でケンブリッジ対オックスフォードのボートレースがあります。ケンブリッジがずっと負けていたのが、その年、なんと二十何年かぶりに勝ってしまいました。

兄の健一が卒業したのもケンブリッジでしたから、その夜は、私も友人もみんなケンブリッジの連中といっしょに飲んで踊って大騒ぎです。祝勝パーティですからさんざん飲んで、そのままみんなでドライブにくりだしました。たしかロンドン塔めがけて出かけていったのでしょう。そこで降りて、またみんなで騒いでいたのだと思いますが、とにかく若かりしころの私は、ヤギの乳かヒツジの乳で育ったのか、酔っ払うとなにか高いところにのぼりたがる癖があったのです。酔っ払ったまま、ロンドン塔のところのタワーブリッジに、ひとりでのぼっていってしまいました。

タワーブリッジはつかまるところもあってのぼりやすいのですが、むこう側はテムズ川でこちら側は道路です。そこでイブニングを着たまま、高いところに片手でつかまって、ゆらゆらと踊っていたらしいのです。

落っこちたらおしまいでしたが、下にお巡りさんがやってきて、

「あなた、なにをしているつもりなんですか」

といいます。

その瞬間、さすがに酔いも吹っ飛んで正気にかえり、あわてて降りたのですが、地上に着くとお巡りさんに名前をきかれました。そのとき、日本人だと知られてはたい

へんだと思い、とっさに、中国大使のお嬢さんでスザーンという人の名前をいってしまったのです。

このお嬢さんが、ことあるごとに日本にたいする非難を表明するのを日ごろから腹立たしく思っていたところに、たまたまお巡りさんにつかまって、なかば仕返し気分で名前を偽ったのですが、こんなことはとてもほめられた話ではありません。

イギリスの田舎

週末になると、田舎にお屋敷をもっている人たちから泊まりにくるように誘われるのもとても楽しみでした。

このころ、ロンドンの住まいのほかに、郊外に広大な領地とお城のような邸宅をもっている人たちがたくさんいらして、なかでもバックリューという公爵《こうしゃく》家などはお城を三つももっており、税金が高くてたいへんだということでした。

週末の金曜から土曜、日曜日にかけてというように、だいたい二、三日にわたって招待してくれたお宅に泊まりにいきます。

イギリスは道路の標識がとてもわかりやすいので、地図を見ながら自分で運転していってもほとんど迷うことはありません。私が乗っていたのは、タルボというイギリスの小さな車です。

イギリスの田舎の風景というのは、とてもきれいです。どこまでも続く緑のなかを小さな車でどんどん走っていって、標識にしたがっていくつかの角をまがると、目指すお屋敷の門が見えてきます。門といっても、両側に門番の小さな家があってそこから先にまだ道がずっと続いている大掛かりなものもあれば、しゃれた装飾のついた古い鉄の門もあります。

門を入ってしばらくは野原が続き、だんだんお屋敷が近づいてくるにつれてきれいに手入れされた花壇がはじまり、やがてゆるやかにカーブしたアプローチへとつながります。

たまに、門もなにも見えず、広い野原の真ん中に建っているような邸宅もありましたが、そういうところでは、この人の領地はいったいどこからどこまでなのだろうと思いながら入っていきました。

お城のようなお屋敷に着くと、もっていったスーツケースはそこのお手伝いさんにうばいとられてしまいます。お手伝いさんはすぐにお客用のベッドルームにスーツケースを運びあげ、私たちがお茶をすませて部屋にあがっていくころには、スーツケースは全部あけられて、下着は下着用の引出しに、洋服は洋服ダンスにきれいに整理されておさめられています。

そのうえで、

「今夜はなにをお召しになりますか」

と、夜のディナーのための着替えを手伝ってくれるのですから、まさにいたれりつくせりです。

いっしょにおよばれしているお客さんがたが宝石をつけて夕食に降りていらっしゃることもありましたが、宝石類にしても、みんなお手伝いさんたちが荷物をほどいてお世話して、それで紛失するということはまずなかったようです。

すべてがこういう様子で、自分でスーツケースをあけなくていいのは楽ですが、人に全部あけられてしまうわけですから、みすぼらしい下着やヘンな寝巻を持っていくととてもみっともないことになります。お泊まりにいくには、それなりの準備が必要でした。

着替えがすんで階下に降りていくと夕食です。主人夫妻に六人ほどのお客を入れて、つごう八人で食事をする場合、バトラーとあとはお手伝いさんひとりかふたりで支度をしていたようです。もっと大勢のお客をする場合は、その日だけ臨時のお手伝いの人を雇われることもあります。

こうしたお屋敷に泊まっていて、いつも不思議だったのは、たくさんいるはずの使用人の人たちにあまり出会わないことでした。部屋など誰がいつ掃除するかわからないのですが、散歩に行って帰ってくるとすっかりきれいになっています。

散歩といえば、イギリス人はとても散歩が好きです。お泊まりによばれることは一年中いつの季節でもあって、雪の積もっているときによばれると、雪のなかを散歩に出ます。お屋敷にはいろいろなサイズのブーツがダーッと用意してあって、お客はそれを履いて散歩道に積もった雪のなかをカポカポと歩きまわります。

雨が降ると部屋のなかでブリッジをして過ごすのもなかなか楽しいものでした。

お屋敷のなかをぶらぶらと歩きまわりながら見せてもらうこともありましたが、古い名画が壁にずらっと並べてかけられているのを感心して眺めたものです。

地下室に降りると、そこが食器庫になっているお宅もありました。日本では食器や壺《つぼ》をお蔵のなかにしまう場合、箱に入れて片付けますが、そこのお宅ではお皿が何十枚のセットにされて、ただ積んであります。箱に入っているものはなにもありません。前面がガラスのドアになっていますから、なにが収納されているか一目でわかります。

よく見ると、お皿についている家紋やなにかの模様が外に書いてあり、「明日の晩は、あのセットを使います」といえばさっと取り出せるようになっていてとても機能的でした。

狩猟の季節

八月十二日に解禁になると、いよいよ狩猟の季節のはじまりでした。田舎の大きなお屋敷では、あちらでもこちらでも狩猟の会が催され、二泊とか三泊とか、みなさん泊まりがけで鉄砲撃ちを楽しみに出かけられます。私もロンドンで鉄砲の手ほどきを一応は受けたのですが、まるで的に当たりません。鉄砲にかけてはからっきし才能がなかったようでした。

それでも、狩りの季節には何度かおよばれして、狩猟の雰囲気だけはじゅうぶんに味わわせてもらいました。

狩りの獲物は、キジやコジュケイ、時期によってはウズラでした。飛び方から、ウズラがいちばんむずかしいのだとみんないっていました。

男の人たちだけでなく、女の人たちもみなさん身ごしらえをして、鉄砲撃ちに出かけられます。ズボンにブーツの方や、短いスカートに長いブーツの方も、帽子をかぶり鉄砲を肩から担《かつ》ぐとなかなか勇ましいでたちになります。

狩りの方法は勢子《せこ》を使うやりかたで、塀のこちら側に鉄砲を持ち犬を連れたハンターたちが待っています。そこをめがけて、何人かの勢子が遠くのほうから鳥を追い立てながらやってきます。ハンターたちはよく狙《ねら》いを定めて、鳥が自分の頭の上を越すまえにズドンと撃つのです。

撃ち落とされた獲物は、それまでご主人のそばに待機していた犬たちがぱっと飛び出し、くわえて帰ってきます。ご褒美《ほうび》としてその場で犬たちに獲物が与えられることもありましたが、百羽も百五十羽も獲《と》れたときには、お屋敷のほうでもとても食べきれませんから、売りに出していらしたのではないかと思います。

鉄砲を撃つのがあまりにも下手だったので、私はもっぱら見物にまわっていましたが、あるとき、いやだというのにどうしてもやってみてごらんとすすめられ、しぶしぶ試してみたことがありました。

私が的をはずしてばかりいると、みんながおもしろそうに、わかったわかったといっています。なにがわかったのかというと、当時、上海かどこかでイギリスの総領事

が日本軍に撃たれた事件がありました。それは、偶然にまちがえて撃った事故だと説明されていたのですが、

「日本人って、みんなあなたみたいに鉄砲が下手なんだ。これでは総領事が撃たれても仕方がないな」

と、人の鉄砲の下手さ加減をからかっているのです。

悪気があるわけではなく、とりたてて腹をたてるほどのことではないのですが、外国に暮らしていると、よきにつけあしきにつけ、自分の国の人間が引き起こした事件を引き合いに出されるのがつらいところでした。

さて、狩りの様子をこちらのほうから眺めていると、とてもおもしろいことに気づきました。ハンターのみなさんは、みんな自分の犬を連れてきているのですが、その犬とご主人の顔がとてもよく似ていることがあります。

鳥が飛んでくるのを、主人の横にちょこんと座って待っている犬が、主人とおなじように真剣な表情をして空を見あげている様子など、見れば見るほどそっくりです。あんまりおかしくて、お友達のひとりにそういったところ、その方もごらんになっておなじようにお思いになったのでしょう、キャーッと声をたててお笑いになります。それですませてくれればよかったのですが、なかでもいちばんよく似ている犬とご主

人のところへ行って、

「カズコがこんなことをいっている」

としゃべられてしまいました。

イギリスの人たちは、犬をほんとうにかわいがっていて、狩猟のときにかぎらず、ちょっとお茶によばれたといったときにも気軽に連れていきます。そうして、ご主人がお茶をいただいているあいだ、犬たちはみんなおとなしく待っています。

日本では、道で犬どうしすれちがっただけで喧嘩《けんか》になることを思えば、イギリスの犬はよっぽどしつけがよくできているのでしょう。

父も犬がとても好きでしたから、子供のときから、家に犬のいない時期は一度もなかったように思います。ロンドンでももちろん犬を飼っていて、毎日、私が公園に散歩に連れていっていました。

ある日、公園でいつものように犬を遊んでやっていたところ、通りがかりのイギリス人がこちらを見ながら、

「あれは日本人だけれど、犬をかわいがっているところをみると、そんなにわるいやつじゃあないだろう」

といっているのが聞こえたことがあります。

日本人に対するイギリス人の感情が、そうとうわるくなってきているのを思い知らされた気がしました。

外交官の家族

ロンドンでは有名な洋服屋はシーズンのはじめにかならず一回ファッション・ショーを開いていました。母の洋服屋のショーには、父と私もときどきついていくことがありました。

あるとき、ショーを見ながら父が、

「ああ、あれいいね」

というと、母が、

「あら、そうかしら。私あんまり好きじゃないわ」

といいます。すると、父は、

「キミは洋服を見てるんだろう。おれは中味を見てるんだ」

などといって笑っていました。

父自身、かなりおしゃれなほうだったので、娘はともかくとして、母の着るものにはわりにお金を使っていたようです。

海外では、母も私も洋服で通していました。父は、

「着物にたよって宣伝するっていうのは、たよりないね」

と、母や私が外国で着物を着るのをあまり好みませんでした。

母の洋服屋では、もちろん娘の服などは買ってもらえず、私のはもっぱらぶらさがりでした。ロンドンではテペネムとかレヴィルとか、婦人用の洋服ばかり売っているデパートのような店があり、見て歩いて気に入ったものがあったときにひょいと買っていました。

パリに手紙をやって、欲しいものの趣味やだいたいの感じを知らせると、店のほうでは私の寸法を知っていますからカタログみたいなものを送ってよこします。それを見て注文することもよくありました。

パリから洋服を取り寄せるというととても生意気に聞こえますが、じつはパリのほうが安かったのです。特別のときにはロンドンで洋服をつくることもありましたが、ふだんは買いやすいパリの服でじゅうぶんということになっていました。

一般的に、絹物はフランスがいいのですが、ウールはいまだにイギリスでしょう。

戦後はずいぶん質が落ちたとはいえ、イギリスでつくったスーツで三十年ほども着ているものがあります。型が崩れないのでいつまでも着られるのですが、少々高価でも、三十年着たらじゅうぶんもとがとれているでしょう。

プレゼンテーションボールのときの衣装は、ロンドンでつくったものだったと思います。プレゼンテーションボールは、その年十八歳になって社交界にデビューする令嬢がたのためにバッキンガム宮殿で催される舞踏会です。

私も招待され、さっそくその日のためのドレスが注文されました。届いたドレスは白地のレースで、ひだが何段もあるものでした。たくさんのひだは全部白いサテンで縁どってあり、動くとちらちらとさざ波のようにゆれます。このドレスに洋服屋がつけてきた名前は「湖の波にうつる月の光」というものでしたが、たしかにちょっとそんな感じでした。

舞踏会の日、私はこのドレスを着てダイヤモンドのチョーカーをつけ、髪には白いだちょうの羽を三本飾り、羽をさしたところから短いヴェールを後ろにおろしました。

宮殿では、舞踏会によばれた人たちの名前が次々によばれ、ジョージ六世両陛下から握手を賜わります。私たちは、新任の大使一家としてご紹介にあずかりました。

舞踏会はそれはみごとなものでしたが、ダンスになり、フロアで踊っていらっしゃる国王陛下とすれちがったときに、陛下のお腰の刀に私のドレスの裾《すそ》が引っ掛かり、レースの生地がさっと裂けてしまうというできごとがありました。新しいドレスだったので、なんだかとても悲しかったのを思い出します。

バッキンガム宮殿にかぎらず、外交官の仕事は、家族そろってパーティによばれたり、また、こちらがおよびした場合にも家族全員でおもてなしするというように、もともと家族ぐるみの仕事というような一面がありました。

イギリスでもしょっちゅうお客様をおよびしていましたが、お客様のお相手は子供のときからしていましたから別に苦にもなりませんでした。

それにまた、外交官というのは、じつは体《てい》のいいスパイのようなものでもあります。スパイというと人聞きがわるいのですが、要するに情報収集です。お茶のお集まりや、人と会ったときに、さりげなく必要な情報を集めることができます。パーティやお集まりでは、娘としてそこにいる私などの前では、やっぱりお話になるほうも気を許されるのでしょう。ときどき、おもしろい情報を耳にすることがありました。

父にその情報を伝えると、内容によって、

「ばかをいえ」

と笑いとばしたり、

「ほんとうか、もういっぺん聞きなおしてこい」

などといわれることもありました。

書記官よりもニュースが早かったこともありますし、人の転勤や異動についてはよく耳にしました。こういうものは、噂《うわさ》ばなしに毛のはえたようなものがほとんどですが、たとえば外務次官が変わるとか、ロンドン大使とかワシントン大使とか、そうした大きなポストの任命については、人より早く知っているのが重要なこともあります。

ただ、こちらがスパイする側にまわればそれなりにおもしろいものですが、される側になるのはあまり気持ちのいいものではありません。

ロンドンでは、大使館の電話は盗聴されていたようでした。当時はまだそれほど盗聴技術が発達していなかったらしく、盗聴されている電話はカチリといって音が変わるので、ちょっと気をつけていればすぐにわかります。

問題は、誰に盗聴されているかということでした。大島武官とやりあったころから、父がすっかり陸軍ににらまれていたのはわかっていましたが、ではいったいどこの誰が盗聴しているのか、たしかなことはわからずじまいでした。

木の葉のささやき

父の駐英大使時代、母はグローヴナー・スクエアで過ごす日々のことをあれこれと綴《つづ》って、一冊の英文のエッセイ集にまとめました。Whispering Leaves In Grosvenor Square というタイトルでロンドンの出版社から一九三八年に刊行されています。

父もそうでしたが、母もまたイギリスという国をたいへん愛していました。母の父の牧野伸顕がまだ若い外交官のころにロンドンで数年間暮らしたことがあり、母がはじめてイギリスに来るときに、

「ロンドンは、絹に包まれてカバンにしまわれた真珠のような街だ。その輝きはすぐにはわからないけれど、長くいればいるほどわかってくる」

と語って聞かせたのだそうです。それを聞いて、母はイギリスに来るまえからイギリスを好きになったといいます。

母は神経質といえるほど感受性の強い、芸術的な気質の人でしたから、父とは全然ちがっていました。父のほうは実際的で、気が強く、暗いところのまるでない性格の

人でした。

母は牧野家で大事に育てられた、世間のことなどなにもわからない、いわゆる箱入り娘でしたから、父と結婚してずいぶん驚くことが多かったのではないかと思います。

それほど性格のちがった夫婦でしたが、父は、母の神経質というか、お姫様らしいところにひじょうにひかれていたようでした。父は、母について私たちにいうとき、

「ママは天使みたいな人だから」

といういいかたをしました。

その母が、イギリスでエッセイ集を出版した意図は、日を追って悪化していく日本とイギリスの関係を、なんとかよいほうへもっていけないものか、ふたつの国の相互理解に多少なりとも役立てないものかというところにあったようです。

イギリスを愛した母は、同時に、日本を深く愛した人でしたから、イギリスと日本のあいだの、ささやかでも掛け橋になれないものかと願ったのでしょう。

母のエッセイに描かれているのは、ひじょうに美しいイギリスです。

長いあいだ母があこがれていたスコットランドへの旅行。森のなかの古いお城。ひなぎくの咲く芝生と、銀色にきらめく噴水。

ハンプシャーの森では、母の目には、ブナの樹《き》の若葉の下で太陽のかけらを金色の

髪にちりばめた妖精《ようせい》が踊るのが見えたのでした。

駐イギリス大使夫人としての役割に全力でとりくむ母の姿も、エッセイから読み取ることができます。

いくつもの晩餐会《ばんさんかい》、昼食会、お茶の会への出席。

アンソニー・イーデン外相夫妻、ネヴィル・チェンバレン首相夫妻といった、政治家ご夫妻との親しいおつきあい。

イーデン外相をお夕食におよびしたときには、母は柳の枝を曲げて半月をこしらえ、バラのつぼみを添えて、生け花風のアレンジメントを用意しました。

秩父宮殿下ご夫妻をロンドンにお迎えし、昭和十二年の四月二十九日の天皇誕生日には、両殿下がホスト役をおつとめになるお祝いの晩餐会とレセプションを大使館で催しました。この日のお客様は、チェンバレン首相、ボールドウィン夫人、ケント公《こう》爵《しゃく》夫妻、イーデン夫妻、マルコム・マクドナルド氏、そのほかと記されています。

おなじ年の五月十二日は、ジョージ六世の戴冠式《たいかんしき》でした。この日父といっしょに式に出席した母は、銀のラメのドレスにダイヤモンドのティアラの正装でした。

戴冠式の翌晩の公式晩餐会、その翌晩の公式舞踏会と引き続き出席し、母は、

「高貴な人たちからしか生まれない優しい雰囲気を楽しんだ」

といっています。

アスコット競馬に招かれたときに、若いケント公爵夫人が特別美しく見えたことも母はわざわざ書きとめています。

「白いドレスに、大きなエンパイア・ハットのサファイア・ブルーのリボンを顎《あご》の下で結び、ダイヤモンドとサファイアのモダンなイヤリングが彼女のエレガントな装《よそお》いを完璧《かんぺき》なものにしていた。もしも彼女がトウモロコシ畑を歩いたなら、きっと若い夏の精のように見えるでしょう」

こうしたイギリスの日々の暮らしのなかでも、母にとって、ときおり届く父牧野伸顕からの手紙は特別に大切なものだったようです。

「帰宅すると、父からの手紙が届いていた。注意深く開封し、何度読み返したかわからないほど、何度も読んだ。手紙を手に持ったまま考えにひたっていると、お気に入りのアームチェアに座り手紙を書く父の姿が、距離を越えて目に浮かんだ」

と母は語っています。

母は、日本にいるときには佐々木信綱《ささきのぶつな》先生について短歌を勉強していました。

イギリスでも作歌を続けていましたが、英文のエッセイ集にも、いくつかの短歌を英語に翻訳して、短い詩のようなかたちにしてのせています。

なかに、グローヴナー・スクエアにて、と題する歌があります。

空澄みて　黄金に木の葉　散る朝を

憂《う》きこと忘れ　穏やかに居らん

紅《あか》く紅葉した樹々よりも、黄色の葉のほうが慰めになると母はいいます。金色に輝く樹々のトンネルの下を歩くとだんだん心が暖かくなるという母には、しばらくでも忘れたい「憂きこと」がすくなからずあったのでしょう。

たまに母が病気になると、母の枕元《まくらもと》には、たくさんの友人たちから花が届けられました。「花は私のもっとも好きなぜいたく」というほど花の好きな母でしたから、アイリスやヒヤシンス、白とピンクのチューリップ、すみれの花束など、贈られた花々の種類をちゃんと書きとめています。父が買ってきたのは「洗練された海老茶《えびちゃ》、赤錆《あかさび》色《いろ》、そしてクリーム色のカーネーション」とあります。

昭和十二年の七月には盧溝橋《ろこうきょう》事件が起こり、ついに日本と中国のあいだに戦争がはじまりました。イギリス人の感情は自然と中国寄りになり、私たちに対する世間の雰囲気にも変化が目立ちはじめます。

母のエッセイの終章には、父と母と私の三人で年末を過ごすためにボーンマスへ行ったときのことが記され、次のように結ばれています。

「ブランクサム・タワー・ホテルは、今回は私たちのために最上階の続き部屋を用意してくれた。居間はぐるりと海に囲まれていて、ちょうど着いたとき、太陽が松の木の下の波を金色に輝かせているのが見えた。海の残りの部分は青一色で、おなじ色の空へと続いている。

翌日の午後、ドライブに出かけたが、夫は行きも帰りもずっと眠っていた。肩に背負わされた重すぎる責任に、疲れきっているのだろう。

まるで輝く巨大な橋のようなみごとな虹《にじ》がかかっているのを見た。虹の下の野原では、何頭かの馬が尻尾《しっぽ》を振りながら立っていた。夕方、丘のふもとの感じのよい村に着いた。簡素な夕食を料理する煙が、向こうの葉を落とした林をかすませていた。

その夜は、波の音を聞きながら眠りにつこうとしたけれど、どうしても中国で起きているもめごとのことを考えはじめてしまうのだった」

帰国

はじめて私が主人に会ったのは昭和十二年の秋、ロンドンで、日英協会の晩餐会の席だったというのですが、何十人もお客さんが来ていましたからあとできかれても全然おぼえていませんでした。

じつはこれが仕組まれたお見合いで、横浜正金《しょうきん》銀行のロンドン支店長加納久朗《かのうひさあきら》さんの甥《おい》ということで引き合わされたのだそうです。

そのころ私は二十二歳になっていましたから、いい加減にお嫁にやらなくては売れ残ると、まわりの誰かれが心配してくれていたのでしょう。牧野の祖父がまず東京で麻生太賀吉《あそうたかきち》に会い、すっかり気に入って、ロンドンまでお見合いにいってくれるようたのんだのだそうです。

翌年の昭和十三年、九月。父に帰朝命令が届きました。

駐英大使として、父は二年と数カ月間にわたって日本とイギリスの関係の修復に奔《ほん》走《そう》しましたが、結局、日本は軍部の主導によってドイツ、イタリアのいわゆる枢軸《すうじく》側に傾いてゆきました。そうなると、あくまで日英協調による中国問題の解決をめざしつづけた父の立場は本国の政策からは乖離《かいり》したものになり、日本にとっても、イギリスにたいしても、外交官としての役割をそれ以上果たすことができないところまでいっていたのだと思います。

自分の愚痴を絶対に人には話さない、人が勝手に察してくれるのならよくても、自分からは泣き言めいたことをけっしていわない父です。このときもなにもいいませんでしたが、無念の思いの帰国だったことと思います。

父は仕事の後始末をしてから帰国することにし、母と私は別途アメリカをまわって帰国することになりました。私のほうは結婚のための帰国でしたから、途中アメリカに寄って結婚に必要なものをあれこれと買い整えようというつもりでした。

アメリカでどんな買い物をしたのかといえば、まず専門店を訪ねてシーツやタオルを注文しました。当時からリネン類は、イギリスよりもアメリカのもののほうがよかったように思います。木綿はイギリスではエジプトから輸入していましたが、アメリカは自分の国に原料があるのですからよい製品が豊富にできたのでしょう。

それから下着類もいまだにアメリカのほうがいいのは、身体《からだ》にピッタリ合うのと、種類が多いところです。

お嫁にいってすぐに身のまわりのものを買うのはみっともないという考え方があったからでしょう、母は、私のために何ダースもの下着を注文したようです。お嫁入り支度のなかに下着が何枚あったのか、数えてみなかったので正確には知りませんが、つい十年ぐらいまえまではお嫁入りにもってきた下着がまだあったのです。絹の下着は洗うといちいちアイロンがけをしなくてはならないので、戦後はナイロンのものも着るようになったためお嫁入りの下着もそこまでもったのでしょう。

リネン類にイニシアルを入れる段になって、アメリカでは里《さと》の名前をいつまでも使いますが、イギリス式なら嫁入り先の名前を入れると聞いていましたので、どちらにするべきか迷いました。母に、

「どっちにしましょうかね」

というと、

「どうせむこうに行くのなら、むこうの名前にしたほうがいいでしょうけど、だけど、逆戻りするってことがあるからね」

と首をかしげています。

考えたすえ、麻生のAを真ん中に入れて、KAYと組み合わせたイニシアルを、シーツからなにから全部に刺繍《ししゅう》してもらうようにしました。Aを入れたのですから、も

う、出戻るわけにはいきません。

いよいよお嫁にいくときになって、母からいわれたのは、

「お嫁にいったら、その日から里のことはいっさい忘れなさい。それじゃないと、いつまでたっても、ああ、里のときはこうだったとか、こういうふうにしてくれたのにとか、しょっちゅう比べたりなにかするでしょう。それは不幸せなことだから、里のことはいっさい忘れて、新たに生まれ変わったと思って麻生家に嫁ぎなさい」

ということでした。

「ずいぶん冷たいことをおっしゃるのね」

と私がいうと、

「私のほうは、あなたという娘を忘れっこないですけれど、とにかく、いつまでも里のことを気にかけるようじゃ、心からつとめることができないから忘れなさい」

と母はいいました。

母のいったことは、嫁いでからつくづくなるほどと思いましたが、娘を手放そうというときによくそれだけ思い切ったことをいったものです。それこそネズミが出ただけでキャーなどという、臆病《おくびょう》で優しい人だと思っていましたが、じつは芯《しん》の強い人ほどふだんはそういうふうに優しく見えるのかもしれません。

結婚式がまぢかにせまったころ、母は娘を嫁がせる気持ちを短歌に詠《よ》みました。

卓の花越しておくれる吾子《あこ》の笑み
うくるもつらく見ぬはたつらく

朝の陽にかがやかしく開きたる
マグノリヤの花に吾子をたとへむ

大切にいつくしんで育てあげた娘を他家に嫁がせる母親の気持ちは、ずっと先に、今度は私自身が娘たちを結婚させるときが来てはじめて、なるほどこういう気持ちがするものかとわかったように思います。

二番めの歌で母が私をマグノリヤの花にたとえているのは、私の印が泰山木の花だからでしょう。わが家には、赤ん坊が生まれたときに、名前とは別にお印をつける習慣がありました。下着や足袋やふくさなど、自分の身のまわりの持ち物には全部この印をつけます。

さて、母からいわれたこととは別に、父が結婚まえの私にいったのは、

「とかくおまえはよけいなことをいうから、お嫁にいったら一年間はとにかくつつしんで、ものをいわないように。それでがまんができなかったら、さっさと帰っておいで」

ということでした。

お嫁にいくまえの娘にいって聞かせた言葉は父と母でこれほどちがっていたのです。

結婚

結婚式は昭和十三年の十二月、母がクリスチャンでしたので神田の天主教会でおこなわれました。白のサテンのウエディングドレスを着ました。

教会では、母がイタリアで親しくしていたソプラノ歌手の原信子さんが、グノーのアヴェ・マリアを歌ってくれました。

十年ぐらいまえに、市川房枝《いちかわふさえ》さんからお電話があり、

「あなた、原信子さんをごぞんじでしょう」

とたずねられたことがありました。

「とてもお身体がおわるくて、もう長くないのであなたに会いたいっていってらっしゃるのよ」

と知らせていただき、びっくりして会いにいきました。

中野のご自宅に伏せっていらして、小さくなってしまわれた声で、よく来てくれたとよろこんでくださいました。私の結婚式に教会で歌っていらっしゃるお写真を飾っていらしたのが目に残っています。

結婚式のときの写真といえば、みんなが笑っている写真のなかで、父の顔がまるでお葬式みたいです。娘が売れ残ってしまっては困るけれども、いざ嫁がせるとなると、どうにもおもしろくなかったのでしょう。

新婚旅行は川奈《かわな》へ行きました。

吉田家では食前にかならずなにかお酒を飲んでいたものですから、当然そのつもりでいたのですが、いつまでたってもなにも出てきそうな気配がありません。お夕食になってもなにも出ないので、とうとう、

「お酒、なにも召しあがらないの」

ときいたところ、

「酒？」

ときかえします。

「日本酒とか洋酒とか、なにか召しあがらないの」

と重ねてきくと、

「飲んだことがない」

という返事です。

男の人というものは、すべてお酒を飲んでたばこを吸うものだと信じ込んでいましたから、このとき主人に、お酒はもちろんたばこも吸ったことがないと聞かされたのには、思わずええっと驚いてしまったのです。

ただただびっくりしていると、

「飲みたいか」

と聞くので、

「私は、飲みたいわ」

と答えました。

「それじゃあ、ビールかなにか飲むか」

といわれ、私はビールはおなかがいっぱいになってしまうのでそれほど好きではありませんが、最初からあまりああだこうだいってもわるいので、それをいただきますといったようなわけでした。

主人の麻生太賀吉は九歳のときに父親を亡《な》くして、祖父と母親の手で育てられました。おじいさんの代からの炭鉱事業をはじめ、鉄道や、海上運輸にまで広がった事業を継ぐべく早くから祖父の仕事を見習い、宴席などにも出ていたらしいのですが、母親からお酒はいけないといわれその教えをきちんと守っていたもののようです。

結婚してすぐのころ、宴席に挨拶《あいさつ》に出たところ、主人の前に赤い糸のついた銚子《ちょうし》が置いてあります。

「なんですの」

とききましたら、店の人が、

「お茶ですバイ。お酒は全然召しあがりません」

といいます。

それにひきかえ、「今度のご寮人《りょうにん》さんはいけるバイ」と、会社の人たちがみんなで私にお酒を注《つ》いでくれるので、こちらはもうたいへんでした。

そもそも飯塚で結婚の披露をしたときに、注がれたお酒を捨てるということを全然知らなかったので、注がれたら注がれたまままみんな飲んでいって、つごう一升ぐらいは飲んだのだろうと思います。そのときはじめて、お酒に酔うというのはこんなこと

なのだと、天井がぐるぐるまわるのを遠くに感じながら思ったのでした。さすがにそのときは、

「ああ、二度とふたたびお酒は飲むまい」

と決心しましたが、あくる日にはもう忘れてしまいました。

こんな調子でスタートしましたが、しばらくすると、お酒をまったく飲まなかった弟子のほうが、私よりもはるかに腕をあげてしまったのですからわからないものです。

新婚旅行で川奈へ行ったあと、車で別府に向かいました。

そのころ別府に別荘があり、そこのお庭が有名でしたので、毎月、別府港に外国の船が入ると一等船客をよんでお庭を見せていました。別府市からたのまれたのか、船会社からたのまれたのか、そのあたりの事情は知りませんが、私たちが別府に着く日がちょうど外国人にお庭を見せる日にぶつかってしまいました。

それで、

「お茶の先生にお昼をさしあげますから、その間代わってあげて頂戴《ちょうだい》」

と姑《しゅうとめ》がいいます。

「お茶なんて私、十年ぐらいお点前《てまえ》をしたことがございませんし、忘れちゃったと思うんですけど」

といいましたら、

「見ている外人さんは誰もわからないから、やってごらんあそばせ。おわかりにならないことは、飛ばしておやりになればいいわよ」

と姑はいいます。

「そうでございますか」

とそのころはひじょうに素直だったので引き受け、それこそいいかげん忘れているのをとりつくろってお茶をたてました。ところが、最後におこぼしを持って立ちあがったとき、一足後ろに下がろうとしたはずみに、ステーンと転んでおこぼしをひっくりかえしてしまいました。私も驚きましたが、お客もどんなにかびっくりしたでしょう。いくらあつかましくても、これがお茶の一部だということはなんとしてもいえないので、

「どうも、もうしわけありません」

と、あやまってから、ほうほうの体《てい》で座敷から下がりました。

この顚末《てんまつ》を姑に白状しないわけにはいかないので、すんだあとで、

「ほんとうに、とんでもない粗《そ》相《そう》をしました。どうにもしびれがきれて転んでしまったんでございます」

といったところ、姑は、

「あらまあ。そう、それはおかしかったわね」

と笑いました。

姑は十六歳で麻生の家にお嫁にきて、二十四歳で子供を四人抱えて未亡人になりました。めったなことでは動じない、肝のすわった、女傑といってもいい人だったのです。

飯塚

イギリスの炭鉱の土地というのは茶色っぽい山ばっかりのところでしたから、そういう光景を想像していたのですが、飯塚に来てみると山は松におおわれて青々としています。

まわりにずうっと田んぼの広がるなかに、麻生の家がありました。一階建ての平家で、建坪が六百坪ある広い家でした。

家のなかを見てまわると、パンを焼く窯《かま》がありました。それから、電気洗濯機。冷蔵庫も氷を入れる式のものではなく、電気冷蔵庫でした。どちらもアメリカのGE社の製品でした。あともうひとつ、やっぱりGEのアイロン台もありました。これは、温まった丸い棒がぐるぐる回転していて、そこにシーツを半分に折って入れると、一回でピチッとプレスできてしまうという便利なものでした。

そのころはさほどには思いませんでしたが、いま考えるとハイカラな家だったのだと思います。

それでも電化製品以外は日本的なふつうの暮らしでした。結婚して二度めのお正月、このときは太郎が生まれていましたが、長男はちゃんと上座に座らせられて、お雑煮も長男のほうから先に出されます。なるほど、ここは九州なのだなと思いました。

お正月といえば、新年の行事にまな板おろしというのがありました。その家の主婦が、新しいまな板の使い初めをします。みんながずらりと見ているところで、包丁を使うのですが、私にとってこんなにいやなことはありません。

「まねだけでいいですよ」

といわれても困ります。お料理人が包丁を使っているのを見たことぐらいはありますから、大根を押えて、端から切りましたが下のほうがみんなつながっていました。

もうひとつ、暮れにお餅《もち》をついたとき、それをちぎって丸餅にするのも主婦の仕事でした。つきたてのを絞るようにちぎっていくのですが、絞るといわれてもはじめのうちはなかなかそれができません。ついたばかりのお餅は熱いし、泣きたくなりましたが、いまではもう名人です。だれにも負けません。

飯塚に来るときに、私は東京から馬を連れてきていました。若葉という名前の三歳になる馬でした。父についてイギリスに行くまえに私が買って、乗馬クラブに預けてあったのですが、父には曙《あけぼの》というまえから飼っている馬がいましたし、東京に残しておいても乗ってくれる人がいなければかわいそうなので連れていくことにしたのでした。

ところが、飯塚では、私が馬に乗るというのでたいへん有名になってしまいました。イギリスからまっすぐ帰ってきてすぐに結婚したのですから、女の人が馬になど乗るものではないということも知らなければ、日本では、お嫁入りに馬を連れていく人なんてまずいないということも考えもしませんでした。

飯塚で女が馬に乗るというのがそれほど人の注意をひくなどとは考えもせずに、平気で毎日乗っていたのですから、鈍感もひどいものです。自動車を運転するようになって、クラクションを鳴らしたときに「なんだよ、女《おな》ごのくせに」とどなられて、はじめて「ははあ」と思いましたが、馬のときにはほんとに気がつきませんでした。

海外にいた時期が長かったので、

「こんなことをしたら、人に笑われますよ」

というようなことをいっさいいわれずに育っています。いまでいう帰国子女ですが、私のころはともかく、今日のような時代になれば、まわりとちがっていることを気にせずに伸び伸びと育つという点では、海外で育つのもわるくないのかもしれません。

戦争になってから、父の曙は二十歳にもなっていましたから、召集されたらかわいそうだというので父は獣医さんにたのんで眠らせてもらいました。

飯塚にいた若葉は、馬の配給がなくなっていろんなものを食べさせていましたが、ついに塩がなくなり、塩ばかりはどうにもできなくて困っていたときに召集になりました。

飯塚の暮らしが吉田の家とはあんまりちがうので、結婚してからしばらくは、とんでもないところにお嫁にきてしまったと思ったものです。父のもとにかえりたいと思ったこともありました。ところが、私があまり頻繁に電話をかけると、父や母にかえって注意されます。

それでもときどき、飯塚から三十数時間汽車に乗って、東京の麻生の家に出てきていました。汽車のなかでは主人とふたり、おしゃべりをしたり本を読んだり、たまに

私がいったことにたいして、主人が、

「ヘンなやつだねえ」

とおかしがるのが、いやでした。こっちはおかしいつもりは全然ないのに、相手におかしがられるというのはあまりおもしろくないものです。

お嫁にいってはじめて吉田の家に里帰りしたときに、お小遣いをちょうだいといったところ、

「太賀吉はくれないのか。そうか、そうか」

と、父はそれはうれしそうな顔をしました。

あんまりおかしかったので、その話を主人にしたら、

「恥をかかせるんじゃない」

と、目が飛び出るほど叱《しか》られました。

開戦の年

昭和十六年の五月、東京で母が入院しました。乳癌《にゅうがん》でした。

五月に入院し手術を受けて、十月七日に亡くなりました。

ふだん母は、どちらかといえば地味なほうで、自分のために着物を買うというようなこともまずなかったと思います。それが、手術のまえあたりから、手術後にかけて、急に着物を買いだしました。

なぜそんなにいそいで自分の着物を買うのか不思議に思っていると、

「日本では形見分けをするけれど、そのときにあんまり分けるものがなかったら、おまえが恥をかくだろうから」

と母がいいます。

私自身、形見分けというものをよく知らなかったので、母がそのことをいったときにはあまりピンときませんでしたが、亡くなってからいざ形見分けの段になると、母が買っておいてくれた着物があったおかげでみんなに分けることができました。

もともと母は「やりたい病」のようなところがあって、なにか好きなものが手に入るとすぐに誰かにあげようとするような人でした。

このころ日米関係は悪化する一方でしたが、アメリカの駐日大使のジョセフ・グルーさんとアリス夫人、娘さんのエルシーはとても親身に母を見舞い続けてくれていました。エルシーとは、いまだに年に一、二回は手紙のやり取りをしています。

グルーさん一家は、それこそ一家をあげてのたいへんな親日家で、日本には十二、三年はいらしたのではないでしょうか。日米戦争のはじまるときまで日本にとどまられ、なんとか戦争を回避できないものかとひじょうに努力されていました。敗戦後、日本の復興にもずいぶん力をつくされたと聞いています。

母が手術をしたあと、アリス夫人は毎日のように見舞いに来てくださっていて、そろそろものがなくなってきていた時期に、母のためにいろんなものをもってきてくださっていたようです。

母が亡《な》くなるころには、私のほうもちょうどお腹《なか》にいた二番めの子供がそろそろ臨月に入ろうとしていました。

このころミセス・グルーが病室を見舞うと、母は、

「私はもう先が短いからこんなにしてもらうともったいない。ほかの人にしてあげてほしい」

といったのだそうです。グルー夫人は私にその話をして、雪子は死ぬつもりでいるから元気づけてあげなくてはいけないといい、涙をこぼされました。

亡くなる一週間ほどまえに、母は一度人事不省におちいってなにもわからなくなりました。次にぱっと目をさましたときには、なんとドイツ語しか出てきません。母は、

十四、五のときに牧野の祖父についてオーストリアのビエナに行っていましたから、そのときにおぼえたドイツ語なのだと思いますが、何十年と使ったことのない言葉です。そのドイツ語で話されても、私たちのなかにドイツ語ができるのはひとりもいませんでしたから困りました。どういうことになるのかしらといっていたら、半日ぐらいたってまた眠りにつき、今度起きたときにはまた元にもどってくれていました。人間の脳のなかというのは、ほんとうに不思議なものです。

いま息子たちが、私をつかまえて、

「おふくろ、今度入院したらしっかりしてくれよな。急に中国語でしゃべりだしたって、われわれはわからないよ」

といっていますが、たしかに私も子供時代、中国にいたことがあるわけですから、もしかするとそういうことにならないともかぎりません。

最後に母は、

「いままで生きてきて、楽しかった。幸せだった」

といって亡くなりました。五十一歳でした。

母の一生が幸せだったかというと、父と母はあまりにも性格がちがいすぎましたから、けっして幸せだったとはいえないだろうと私は思います。

それでも、死ぬまえに母の胸のなかに浮かんだのは楽しかったことばかりだったのでしょう。

母を見ていると、死というものはそんなに怖いものではないんだな、この世からあの世に行くだけの話で、なにも怖いものではないのだというように思えました。

母が亡くなって二カ月ほどが過ぎた十二月八日。

この日は麻生の義父の命日で、親類がみんな集まっていました。

そこにサイレンが鳴りわたり、ラジオをつけたら開戦の知らせです。

姑《しゅうとめ》と私が、まあたいへんといっていると、親類たちがみんなバンザイバンザイといったので驚きました。この年、日本はついに日米戦争に突入し、長い戦争がはじまりました。

行ったり来たり

戦争が終わってまだまもないころ、祖父牧野伸顕が、

「せっかくわれわれが苦労してここまでつくりあげた国を、こんなにしてしまって」

とポツリとつぶやいたのを聞いたことがあります。

祖父にしてみれば、父親の大久保利通をはじめとする幾多の人々が、文字どおり命をかけて築きあげた近代日本が目の前で焦土と化したわけですから、さぞかし悔しく残念だったことでしょう。

その大久保利通は私には曾祖父《そうそふ》にあたりますが、じつはこれだけ有名な人物でも私の代になるともう歴史の本に書かれている以外のことはなにも知らないのです。

あるとき、本の中に出てくるこの人物が、ひじょうに理知的であってもなんとなく冷たい人のように感じられて祖父にそのことをいってみたことがあります。すると祖父は、

「いや、そんなことはない。たいへんに情け深い人だった」

といいました。

大久保利通の人となりが実際にどうであったのか私にはよくわかりませんが、偉い人であったことはたしかなのだろうと思います。明治という時代は、ほんとうに偉い人たちがたくさん集まっていたという気がします。

父にとって牧野の祖父は、明治という時代をつくりあげてきた大先輩のひとりでしたから、岳父である以上に崇拝していたと思います。

一方祖父のほうはというと、父という人間を好きでしたし認めてはいましたが、それほど偉い人だとは思っていなかったのではないかという気がします。

父が総理大臣になったときに、祖父はとても心配して、

「だいじょうぶかね」

と首をかしげていました。

私としてもまったく同感でしたので、思わず、

「私もそう思うわ」

といって祖父と顔を見合わせたものです。

祖父とおなじように、私も父が総理大臣の職にとどまっているあいだじゅう、いつも「だいじょうぶだろうか」とはらはらのしどおしでした。

とにかく気にかかってしかたがなかったので、父が総理大臣を引き受けてからは、私も折りをみて飯塚から上京し首相官邸の父のもとで過ごすようにしました。はじめのうちは、三カ月おきくらいだったでしょうか。ちょうど私のほうも出産がつづき、それほど頻繁には上京できない状態でした。

ところが、父の在職期間は当初私たちが思っていたのよりもずっと長びき、仕事は忙しくなる一方です。結局、主人の意向もあって私たち一家は飯塚から東京に生活の

場を移すことになりました。

そのころ麻生の東京の家は永田町のいまの市町村会館のあたりにあったのですが、庭がなくて子供たちを育てるには少々不向きでした。そう思っていると父が、

「おまえのところはまた子供が生まれてくるのだし、庭のある家のほうがいいだろうから渋谷の家に住むといい」

といいます。

震災の翌年、父が渋谷の牧野家の隣りに敷地をもとめて建てた家は、庭も広くて子供を育てるにはちょうどいいのです。反対に、父のほうは渋谷よりも中央の永田町に家があるほうが都合がいいのですから、父と私たちは家をとりかえることにしました。

渋谷の家は戦前から戦争中にかけてはチェコの大使館として貸していました。終戦後は、今度はソ連の大使館の分室として強制的に借り上げられていました。たしか月五円くらいのめちゃくちゃに安い家賃で借り上げられていましたが、数年たってちょうど私たちが東京へ移ってこようというころに返されることとなりました。

ソ連から返された直後のこの家は、どの部屋の壁も、階段の手摺《てすり》にいたるまですっかり白とブルーに塗られていて、元にもどすのがたいへんでした。衛生上の理由からということでしたが妙な趣味です。

このときからずっと私たち一家は渋谷の家に暮らして、六人の子供たちはみんな父の建てたこの家で成人しました。

渋谷の家に子供たちもいっしょに住むようになってからは、毎日はますます忙しいものになりました。

朝、子供たちが起きてくるのが六時半。この時刻には私も起きて子供たちといっしょに朝ごはんを食べます。確実にいっしょにいられるのは朝ごはんのときだけでしたから、まえの晩二時、三時に帰ったときも、かならず子供たちの朝ごはんに間に合うように起きていました。

父のところでお客さんが続くと、私が自宅にもどる時間も遅くなる日が続きます。このころはたえず寝が足りず、それだけ睡眠不足が続くと太れません。父が総理をしているあいだに十キロは痩《や》せたでしょうか。

子供たちを送り出すと、自分で車を運転して、大あわてで白金の首相公邸に向かいます。そこで父の朝ごはんにつきあい、官邸なり国会なりに送り出します。

なにぶん危ないご時世でしたから、無事に帰ってくるのかどうかはわかりません。

朝、送り出すたびに、

「ああ、これが最後かもしれない」

と思います。

毎朝、公邸にかけつけてでも父を気持ちよく送り出したかったのは、「最後かもしれない」という思いがいつもあったからでした。

父が出かけているあいだに、私は英語の書類の整理をしたり手紙を書いたりします。お昼にお客様があったりする場合は、渋谷の家には帰らずに朝からそのまま公邸にいました。

とくにお客様のない場合は、昼間いったん渋谷の家に帰り、父がもどるころまた公邸に出かけました。自宅と首相公邸を行ったり来たりでずいぶんめんどうくさかっただろうと思うのですが、当時はただただ夢中でした。

ちょうどこのころ、ジープを運転して夜遅く帰ってきたとき、いまのパルコの通りをずっと行った、ＮＨＫか渋谷の区役所の裏側あたりで若い人たちが大勢群がって喧《けん》嘩《か》をしているのに出くわしたことがあります。

乗っていたジープはもともとは真っ赤だったのですが、全体が赤い車は交通法規に引っ掛かるというので、途中だけ鼠色《ねずみいろ》に塗って前と後ろは真っ赤なままで運転していました。

映画やなにかではよくありますが、大勢が殴り合いをしている本物の喧嘩を間近に見るのは初めてでしたから、なんだか無性にわくわくしてきてジープを停め熱心に見物していました。

するとしばらくして、喧嘩をしている若者たちの何人かがふいにこちらの車に気がついた様子でした。ジープはライトをつけたままでしたから、夜の暗がりのなかにこちらの姿が浮かびあがっていたのでしょう。しまったと思ったときには、群がっていた人たちがいっせいにこちらをめがけてくるではありませんか。すぐにアクセルを踏みこみすっとばして帰りましたが、家に着いてもしばらくは怖くて足が震えていました。

またある晩、イギリス大使館におよばれしていて、主人といっしょに出かけるはずだったのが時間の都合で別々に先方に向かう段取りになったことがありました。私は紋付を着て指輪をはめてという正装でしたが、誰かに送らせるのもめんどうだったので、尻《しり》っ端折《ぱしょ》りをしてジープの運転席にあがりました。ジープの運転席というのは、そこらじゅうから物が突き出ていて和服ではなかなか運転しにくいのです。袖《そで》も邪魔でしようがないのでたすき掛けになって運転していたところ、祝田橋《いわいだばし》のところに来て赤信号で止まったときに、よりにもよってむこうから来た主人の車と向かい合ってしまいました。信号が変わるまでは逃げ出すわけにもいかず、尻っ端折りの姿をとっぷりとにらみつけられ、これもまたなかなか恐ろしい経験でした。

このころ父が乗っていた車は、ビュイックと幌《ほろ》つきの紺のパッカードでした。戦後すぐ、まだまだ麻生の家にお金があったころ、主人が二台の車を買って外務大臣をしていた父に預けました。ガソリンも主人の会社の社長用の車ということで特別に配給がありましたから、それをまわせば父も自由に車を使うことができました。パッカードのほうのナンバーが4040番だったので、私がヨレヨレとあだ名をつけました。

「パパ、きょうはヨレヨレでいらっしゃる」

というように使って、なかなか便利なあだ名だったのです。

父はお客の好きな人でしたから、公邸にいるときにはお昼に誰かれとなくお招きしてゆっくり過ごすことがよくありました。まだ食べ物の少ないころでしたから、みなさんよろこんでくださっていたようです。

夜の食事もかならず秘書官たちがいっしょでした。父はわりに寂しがりやでしたから、ひとりで食事をするのが好きではなかったのです。

選挙

父とマッカーサーとが制定をいそいだ新憲法は昭和二十一年の秋に公布され、翌年の四月には新憲法下はじめての総選挙がおこなわれるはこびになりました。思いもかけないなりゆきから総理大臣になるまで、父は、自分が選挙に打って出る日がくることなど考えもしなかったのではないかと思います。

それでも自由党の総裁であり総理大臣である以上、とにかく国会に議席をもたなくてはなりません。そう心を決め、生まれてはじめて衆議院に立候補するにあたって、最初の問題はどこから出馬するかということでした。

真っ先に父の頭に浮かんだのは高知だったようです。高知は父の実父の竹内綱の出身地でしたし、竹内綱自身も、父の実兄にあたる竹内明太郎《めいたろう》も戦前の帝国議会の衆議院議員に高知県から立候補して選出されています。そうした縁をたどれば高知県から出るのがいちばん自然でしたが、神奈川から出馬してはどうかと親切にすすめてくれるかたがあり、父はその提案にも心を動かされたようです。

父の回想によれば、このとき林譲治《はやしじょうじ》さんに相談してみたところ、神奈川だったら冠婚葬祭全部いかなくてはならないけれど、高知だったら遠いからそんなことをしないですむ。遠ければ選挙民がしょっちゅう訪ねてくることもないだろうから、父の無愛想が目立たなくてすむというようなことをアドバイスされたようです。

選挙区に愛想をふりまくといったことは父のもっとも苦手とするところでしたから、自分でもなるほどと思いあたる節があったのでしょう。父は高知県からの出馬を決めました。

高知と決めたものの、ここはひじょうにむずかしい土地柄だという話も耳にしていました。たしかに高知人にはかなりのへそまがりが多く、現職の総理大臣というだけで大歓迎して迎えるというような気風ではありません。

父のほうにしても、東京は神田で生まれたほんとうの江戸っ子だと威張っていたのが突然高知から立つことになり、

「滑稽《こっけい》だよね、にわか高知人になっちゃうんだから」

と自分でいって笑っていましたから、へそまがりではいい勝負だったかもしれません。

高知でのいわゆる選挙運動は、やはり高知から出ている林譲治さんが中心となって

段取りをつけてくださることになりました。林さんは父の遠い親戚《しんせき》にあたるそうです。戦前からの自由党の議員で、吉田内閣では書記官長をつとめておられました。

　さて、選挙のためにいよいよ高知に出向く段になって、父が私にいっしょに来ないかといいます。

「そりゃ行きたいけど、私、選挙のお手伝いなんてできないから遠慮するわ」

　と返事をしたところ、父は、

「選挙の手伝いなんてしてくれなくていいよ。ただ見物に来たらいいだろう」

　といいます。

　じゃあ私も遊びに行こう、と物見遊山《ゆさん》気分で一行についていったのが大きなまちがいでした。まんまとだまされて、むこうに着いてみれば選挙の手伝いをせざるをえない状態が待ち受けていました。

　当時の高知県は高知市から何本もの道が放射状にのびていて、そのため、どこへ行くにもいっぺん高知市までもどってそこから出発し直さなくてはなりません。三日間の滞在のあいだ、幾度となく高知市にもどり、そこからほとんどくまなく高知全体をまわるかなり厳しい日程でした。毎日みんなで乗用車に乗りこみ、その日の行き先をまわりました。

選挙運動といえば立候補者の演説と決まっていますが、あいにく父は演説が苦手でしたし、実際に父の演説を聞いてあまり上手だと思ったことはないのです。自分の話をするのをいやがりますし、天下国家を論ずるだけで、説得力というのもあんまりなかったような気がします。本人自身が大向こうを相手に演説をして、自分のいっていることで聴衆をひきつけようというようなことはほとんど考えたことがなかったのではないかと思います。

たまにうまく調子にのっているとき、自分のいいたいことがいえる相手を得た場合にかぎって「ああ、なかなかいいことをいうな」と思ったことはありました。

父の演説の内容で記憶に残っているのは、

「日本は早く一本立ちになって、外国と肩を並べて話ができるようにならなければだめだ。そのためには、とにかく早く立ち直らなければならない」

というようなことでした。

父が演説が苦手でしたので、林さんたちは、その日の行程であらかじめ三カ所くらい、どこどこでご挨拶《あいさつ》願いますということを決めていました。けれどそのときの様子で、途中に人が大勢集まっている場所があれば、当然そこで「ちょっとなにか挨拶をしてください」ということになります。ところが、父はそれがいやなのですから困

ったものです。不承不承出ていって、

「吉田茂です」

といっておしまいです。よろしくでもなければ、お願いしますでもないのです。予定の場所で一応いうことを決めて演説に臨んでも、なんとなく雰囲気が気に入らないとやっぱり、「吉田茂です」のひとことで終わってしまいます。

父にしてみれば、立候補するにあたってぺこぺこ頭をさげてまわる必要などさらさらないと思っていたのでしょう。たしかに選挙は、立候補者がなにを考えているのかをひとりひとりの選挙民が自分で判断して一票を投じればそれでいいものですから、たのんでまわる必要はないという父の考え方もひとつの見識かもしれません。

これが自分の父親でなければなかなか愉快な話だと思うところですが、こちらは立候補する以上なんとか当選させたいと思って、しんどい思いをしながらいっしょに選挙区をまわっているのです。親身に手伝ってくれている人たちのことを考えても、このときの父の態度にはほんとうに腹がたちました。あまりの知らん顔にいいかげん憤慨しましたが、

「もっとなんとかならないの」

というと父は、

「注文どおりにいきゃしないさ」

と涼しい顔をしています。あきれたものです。

父がこんな調子でしたから、そのうちこっちにお鉢がまわってきました。私に応援の演説をしろというのです。人前で話をしたこともないのですから、演説などとんでもないとお断わりしても、ぜひにといわれます。なにを話していいかわからないというと、演説の中味は書いてあげるといわれます。

父の態度に負い目もありましたから、泣く泣く引き受けて演壇に立ち、とにかく持たされた原稿を読みあげていくと、父をほめて歯の浮くようなことばかりが書いてあります。途中でばかばかしくなり、原稿を読むのをやめ、

「父はつむじまがりの頑固者だという定評がありますけども、あなたがたもやっぱりつむじまがりで頑固でいらっしゃるんでしょうから、同病相哀れんで一票投票してください」

といったところ、会場が大笑いになりました。

各地をまわるなかで、小学校が演説会の会場として用意されたことがありました。演壇の父の演説を聞いていると、なんとなく様子がヘンです。

「これからキミたちもよく勉強して……」

というようなことをいっています。おかしいなあと思ったら、どうやら、子供向けの話をしているらしいのです。そのうち、さすがに気がついたのか、途中からふつうの調子に変わりましたが、演壇を降りて、

「小学生かと思ったら、全然ちがうじゃないか」

といいます。

「パパ、小学生に選挙権があるはずがないじゃないの」

というと、

「ああ、そうだねえ。だけど、小学校っていったからてっきり小学生だと思った」

といってすましています。

「単純ねえ」

といってやりました。

高知市内で街頭演説をしたときに、コートを着たままで演説していた父に、「外套《がいとう》をとれ」と野次が飛ばされたことがありました。

それにたいして父が、

「外套を着てやるから街頭演説です」

と答えたところ、聴衆から大拍手がわきおこりました。父の気質と高知の気風は妙

にあっていたのかもしれません。

何日かして、父が別のところに行っているあいだに、有名なはりまや橋のあたりをひとりで歩いてみたことがあります。するとはりまや橋の上で、「赤旗」を売っている人がいました。町中が吉田でわいているときに、ひとりで「赤旗」を売っている人の様子が、よけいなお世話ですが、なんだかとても気の毒に見えました。この人にも主義主張があり、一生懸命世の中にそれを問うているわけです。

そう思って私が「赤旗」を買って帰ると、父やみんなにいやというほど叱《しか》られました。

「なんちゅうことをするんだ」

といわれて、

「だって、私が誰だか知りゃしないんだからいいじゃありませんか」

というと、今度はまわりの人たちが、

「知れたらどうしますか」

といいます。

「知れたって、別にわるいことじゃないじゃないの」

と私も頑張りましたが、いまでも、そんなこと別にいいじゃないのと思います。

山崎首班事件

高知に出向いての選挙運動が功を奏したのかどうかは知りませんが、父は首尾よくトップ当選しました。

ところが、このときの総選挙では社会党が第一党になり、自由党はわずかの差で第二党に転落しました。予想しない事態でしたが、父は別にがっかりしているふうもなく、連立の誘いはすべて断わりあっさりと政権を社会党の手にわたしました。

一般的にいって、代議士というのは常に与党になりたいものです。野党になりたくないから、なんとかして与党になりたいと思いますし、一度与党になると圧倒的に強くなって安定したい、万年与党になりたいという気持ちが強く働いてくるものです。

そうではありましたが、父の頭のなかには、二大政党がかわりばんこに政権を担当するというのが理想的だという考え方があったようです。社会党がもっと強くならなくちゃいけないというのは、父が日ごろからさかんにいっていることでした。自由党が強くなるには、社会党か、社会党でなくてもとにかく反対党がうんと強くなってほしい。反対党が強くなければ自由党も強くなれない。片方だけが強くなってはだめなのだということを父はしきりにいっていました。

そして社会党が第一党になった以上、社会党が政権を担当するのが当然で、根本政策の全然ちがう党がいっしょになって連立などできるわけがないというのが父の考え方でした。

社会党中心の片山内閣が成立し、ひきつづき社会、民主、国民協同党の三党連立のもとに芦田《あしだ》内閣ができあがりましたが、父のみるところ国内事情はいっこうによくなりません。自由党は保守の大同団結を訴え、自由党と民主党を脱退した民主クラブが結集して新しく民主自由党が結成されました。

野党第一党となった民主自由党の総裁に父は推されていましたから、次期首班は総裁である父が引き受けるのが当然で、それが民主政治のルールのはずでしたが、このとき政界に妙な動きが起きました。いわゆる「山崎首班事件」とよばれるものです。

一国の総理大臣という権力の座をめぐって、いろいろな立場の人々のさまざまな思惑のからんだ複雑怪奇なできごとのようにいわれることがありますが、いまになって思えばたいした筋書があったわけではないのです。

そもそものことのおこりは、総司令部の民政局にあったもののようでした。ホイットニーのひきいる民政局はどちらかといえばリベラル派でしたから、保守の父に政権を取らせたくないと思ったのかもしれません。また、父は総司令部と話をするときには直接総司令官のマッカーサーに連絡をとりましたから、民政局長のホイットニーにしてみれば、父はいつも自分の頭越しに上官と話をするいやなやつと映っていたのかもしれません。加えて、どこの集団にでもあるように、総司令部内でも権力抗争があった様子で、そうしたもろもろの事情から、

「総司令部は吉田を首班として好ましくないとしている」

というニュアンスの発言が総司令部の一部から党内にもたらされることになったようです。

そうなると、すわチャンス到来とばかりに総司令部発言を掲げて父の追い落としを図るものあり、ご注進とかけつけてきてくれる人ありのお定まりの政界の権力闘争劇がはじまり、大混乱となりました。一国の民主政治によその国の誰かれがそうしたかたちでくちばしをいれるなど、占領下という特殊事情でもなければ考えられないことにちがいありません。

結局この事件は、

「民主主義の精神に反するごとき流言にたいしては、毅然《きぜん》たる態度をもって挙党一致

して政局に処したい」

とする父のもとに体制が固まり、昭和二十三年十月十五日、第二次吉田内閣ができました。

吉田学校

第二次吉田内閣を組閣するにあたって、父は運輸次官をやめたばかりの佐藤栄作《さとうえいさく》さんを内閣官房長官に抜擢《ばってき》しました。

私は佐藤さんにはじめてお会いしたとき、どういうわけかぱっと見て「この人は嫌いだ」と思いました。理由などなにもないのです。ただわけもなく佐藤さんにたいして反感がつのります。きっとあんまり美男子すぎたからでしょう。

その佐藤さんを父が官房長官にするというので、私は大反対しました。すると父は、

「おまえは佐藤をよく知っているのか」

といいます。

「いえ、よく知らない」

と答えると、

「なら、そんなこといえた義理じゃないじゃないか」

と父は憮然《ぶぜん》としています。

「それはそうだけれど、犬とおなじで印象からかぎ分けるってこともあるじゃない」

と重ねて抵抗したのですが無駄でした。娘のいうことなどめったにきく父ではなかったのです。

佐藤さんについては主人も若いときから知っていて、確実な人だと太鼓判を押していましたから、私が多少反対したところで、父はさっさと佐藤さんを官房長官のポストにつけてしまいました。

あとになってみれば、佐藤さんについては私のカンがまったくあたらなかったいくつかのうちのひとつだったと思います。佐藤さんとは公私にわたって長いおつきあいが続き、私自身、父を取り巻くたくさんの若い政治家さんたちのなかで最後までたよりにできたのが、ほかならぬ佐藤栄作さんだったことを思えば第一印象というのも案外あてにならないものです。

父のそばにいらした若い政治家さんたちについて、吉田学校の生徒といういいかたがされることがありますが、こうしたよびかたはもっとずっとあとになってのことでした。

当時、父のそばには佐藤栄作さんと池田《いけだ》勇人《はやと》さんがいらして、おふたりはいつも競《せ》り合うようなかたちでおられました。このおふたりは、もともと五高時代からのライバルだったと聞いています。

佐藤さんは運輸省、池田さんは大蔵省とふたりとも官僚出身でした。

「吉田は、学者や官僚出身者を重く用いすぎる」

と批判されつづけましたが、父の理由は単純明快です。敗戦からまもないこのころ、父から見ると、いわゆる党人の人たちよりも学者さんや官僚出身者のほうが能力があると思われたという、それだけのことでした。

第二次吉田内閣の内閣不信任案が可決されて再び選挙になったとき、主人の麻生太賀吉も代議士に出ることを決めました。

このころ民主自由党の議席数が過半数にも満たなかったため、ひとつ法案を通すのに父は四苦八苦していました。その様子をそばで見ていて、これは自分も代議士になってなんとか助けてやらなくてはいけないと主人は思ったようです。

主人は自分の父を九つのときに亡《な》くしていましたから、私の父を自分の父親みたいに思ってとても大事にしてくれていました。父と主人とは不思議に好き嫌いが似ていました。とくに父は、人の好き嫌いも食べ物の好き嫌いも口に出していわなくてはすまない人でしたから、もしもこのふたりの好みがかけはなれていたとしたら困るところでした。

主人が父にたいしてとてもよくしてくれたこと、その点はほんとうに幸せだったと思います。

こりん

料亭で人さまから接待を受けるというのが、父は嫌いでした。戦争まえには、ひとりで料亭に行きたいときには、父はひとりで行っていました。ひとりで料亭に行って、あとで娘を迎えに来させたりしていたのですからちょっと変わっています。

父に連れていかれていたので、私も新橋の芸者衆は娘時代からよく知っていました。結婚してしばらくして、東京の家にいるときに主人が宴会に行くと、夜も更《ふ》けたころ知り合いの芸者衆から私のところに電話がかかってきます。

「いま、旦那《だんな》さまがお帰りになりました」

というのです。

芸者衆にしてみれば、私と知り合いなものですから、

「あなたの旦那さまはもうこちらの手を離れましたよ。ちゃんとお帰ししたのですから、それから先どこかにいらしたって私は知りませんよ」

というようなものでしょう。

いつもこんな調子でしたから、主人はスパイをつけられているみたいなものだと大憤慨です。監視つきの新橋で遊んでもちっともおもしろくなかったのでしょう。あるとき主人は、

「おれはもう新橋には行かない」

と宣言して、赤坂に河岸《かし》を変えてしまいました。

総理大臣になると、父は以前にもまして宴会によばれることが多くなりました。けれども、父は宴会というものが嫌いです。

「自由党総裁として顔だけ出していただければけっこうですから」

などとたのまれると、

「ばかなやつだ、顔には身体《からだ》がくっついている」

と腹をたてます。

それでも何回かに一度はいやいや「顔を出して」いたようですが、そういうときでも十分ぐらい宴席にいて、あとは階下におりて女将《おかみ》さんの部屋でくつろぎます。ところが父がそうすると、芸者衆もみんなぞろぞろくっついておりてきてしまいます。

「おまえたちはあっちのお座敷に呼ばれてるんだろう、帰れよ」

と父がいうと、芸者衆は、

「いいわよ、お線香代はあちらでいただくから」

とすましたものです。

あいかわらず芸者衆にはもてていたわけですが、どんなにもてても、母は亡くなっていましたし、私は飯塚に嫁いでいましたから、父のそばにいて日常のめんどうをみる人がいません。

誰かいい人はいないかしらと考えたとき、思いついたのが新橋のこりんでした。この人は踊りがとても上手で、父の座敷には昔から出入りしていました。踊りの師匠をしていた母親の置屋から出ていましたから、はじめから一本の芸者でした。

戦争まえにはじめてこりんに会ったとき、私は十五、六歳で、こりんは私より七つ、八つ年上ですからそのとき二十三、四になっていたのでしょうか。こりんの踊りは花《はな》柳《やぎ》流で、私もおなじ花柳流でしたから、その点でもわりに親しくしていたのです。こりんが父を好きだったのは知っていましたし、父のほうも頭の回転が速くてよく気がつくこりんを気に入っていました。あれこれ考えると、結局こりんがいちばん身近に思えます。けれども、あくまで私がよんだということにしておかなくてはあとあとの押えがききません。

「こりんに来てもらうのはどうかしら」

と父にいうと、

「やっぱりおまえは頭がいいね」

などとまんざらでもなさそうな顔をしていました。

このとき来てもらってから、父が亡くなる日まで、こりんはずっと大磯で父のそばについていてくれました。

父が亡くなってからは、不自由のないようにと主人が用意した大磯の小さな家に暮らしています。父の亡きあと、新聞記者をはじめいろいろな人たちが吉田茂について話すよう押しかけたそうですが、こりんは玄関払いを通しました。

新橋の芸者気質というのでしょうか。昔気質というのでしょうか。偉い人だと思います。

財布

財布というものを、父は自分で持ったことがありませんでした。外交官のころ、お役所から茶色の封筒に入った月給をもらうと、それをとりあえずあけて、まず私に小遣いを一枚くれます。大使としてイギリスに行くまえのころでしたから、封筒の中味は五百円ぐらいだったでしょうか。見ていると、小遣いをくれた残りを父は引出しにしまい封筒のほうは捨てます。財布を持つ、という習慣がなかったようです。

父と財布については有名な話があります。

総理大臣をやめてからのことだったと思うのですが、誰かの歓迎会かなにかがあって父は会場の学士会館に車で出向きました。そこでお昼をいただくことになっていましたから、運転手は父をおろしていったん帰りました。

ところが会場に入ってみると、誰だか気に入らない人がいたため、父はおもしろくなくてぷいと出てきたというのです。出てきたのはいいのですが、父は財布を持っていませんし車もありません。そこでタクシーに乗って三越に行ったのだそうです。三越に着いても、財布を持っていませんから料金を払うわけにいきません。それで父がどうしたかというと、三越の入口に立っている玄関番の人に、

「払っておきたまえ」

といったのだといいます。

玄関番の人はさぞかしびっくりしたことでしょうが、

「承知しました」

とタクシー料金を払ってくれました。ふつうだったら「なにをいっているんだ、このじじい」というところですから、この玄関番さんは偉いものです。

父にその顚末《てんまつ》を聞いて、さっそく三越の社長に電話をかけ、そちらの玄関番さんに借金していますからうちの口座からその分をとっておいてくださいといいました。

お礼にしてもお詫《わ》びにしても、父の後始末は全部私のところにまわってくるのです。

自分で財布を持って歩かなかっただけではなく、父はお金というものにたいして信じられないほど無頓着《むとんちゃく》でした。

自由党の会計は、父の執事の安斎が引き受けていました。安斎は大福帳のようなも

のにお金の出入りをすべて記帳しておきます。それをあとで、党の人といっしょに整理していました。

党のお金とは別に、父が政治に使うお金のめんどうは主人がみていました。政治にはどうしてもお金がかかります。たまたまお金があるのならそれを使えばいいことでしょうが、もしなかったら相当な苦労だと思います。

代議士になって大きな家を建てた、広い土地を買ったというようなお話を耳にすると、いったいどうやってそれだけのお金を稼がれたのかしらと不思議になります。ぜひ教えていただきたいものです。

もう時効ですからお話ししてもいいかと思いますが、父の個人的な政治資金は麻生家から注ぎこんでいたものでした。

父のところにいくお金について、主人は二重帳簿をつけていました。お金をつくるためになにかを売る場合、ないしょで売って、売ったお金が父のほうに流れていることをつきとめられないよう二重帳簿につけます。

ところが困ったのは、なにかというと父が小切手を使うことでした。イギリスではなんでもかんでも小切手でしたからその習慣が抜けなかったのでしょうが、父が個人的に援助している人たちに差し上げるというようなお金を小切手で切られてはこちらが困ります。

　小切手を切るのには元手がいるわけですが、その元手がどこからきたのかとさかのぼって調べられると、資金源が麻生だということがわかってしまいます。こちらは父の銀行の口座にわからないようにちびちび振り込んでいました。

「小切手を切るのはやめてください」

　とどれだけいったかわかりませんが、父の理屈では、小切手を切れば、出したほうも受け取ったほうもはっきりしていて横流しがないからいちばんいい方法だというのです。それはたしかにそうですが、小切手ではもらったほうが困るという場合だってあったことでしょう。

　何度いっても小切手を切るのをやめてくれないので、

「だいたいパパは銀行にお金を持っているはずがないんですよ。一文なしなんだから」

　といってやると、

「ばかいえ」

　といって笑っています。

　ばかをいっているわけではなく、ほんとうに父はお金を持っていなかったのですが、のんきな人でしたからどこからお金が入ってくるかということは気にもとめていなかったのではないかと思います。

「とにかく麻生に任せてあるんだから、そんなこと知らないよ」

などといっているのですから、じつに結構なご身分です。

なにぶん父は、吉田家から受け継いだ一財産を若いうちにさっさと使いはたしてしまった人です。自分が政治に使うお金がどこからきているのかというようなことをいっさい考えないところが、吉田茂の吉田茂たるところだったのかもしれません。婿《むこ》に世話になっているということは、あまり頭になかったのではないかと思います。

父にお金をつぎこんでいた麻生のほうにしても、女房の父親だからということを越えて、吉田茂という人物にほれこんだために援助を惜しまなかったようなところがありました。

それでも、あまりたくさん麻生のお金が父のもとに流れていっているようだと、さすがに気がひけます。そこで、

「吉田の父は、よくこれだけお金に無頓着でいられるものね」

というようなことを私が口にすると、反対に麻生が怒りました。

「財政的に援助しているのはおれの金だ。おまえの金じゃない」

というのです。

麻生が父にお金をつぎこみ、そのことを心配すると、私が麻生に怒られるのでしたが、それでもやっぱり肩身の狭い思いをするのに変わりはありません。

麻生自身は、父とおなじで、お金にほんとうに困ったことのない人でしたから、父につぎこむお金を惜しいとは思わなかったのではないでしょうか。

私はといえば、裕福な家に生まれたという思いをしたおぼえもなければ、お金が自由に使えるなどということを味わったこともないのです。あしたの食べ物に困るとか、経済的にとても窮屈だという思いをしたこともありませんが、娘時代はお小遣いにピリピリしていました。

麻生の家にお嫁にきたときに、主人から、

「いまはまだ相続税を払っているからちょっと窮屈だけれども、七年先になったらもっと裕福になるから」

といわれていました。

そのときの暮らしが窮屈だったのか、裕福だったのか、あまりピンとこなかったのですが、七年たって裕福になるはずのころには父に盛大につぎこんでいましたから、結局、主人のいった裕福な状態にはならずに過ぎてしまいました。

父が総理大臣のあいだに、麻生の家が持っていたものはおよそ半分ぐらいになったのではないかと思います。

別府にあった二軒の別荘も、津屋崎《つやざき》という海岸に持っていた別荘も、父の在職中に売ってしまいました。財産が減ろうと増えようと、麻生にしてみればやりたいようにやったのですから満足だったのだと思いますが、麻生の姑《しゅうとめ》もまたこうしたことについてはなにもいいませんでした。経済向きのことはいっさい知らなかったのかもしれません。

別府の家を売るときには姑にも知らされましたが、

「あらそう。それじゃ、ひとつだけ重荷がなくなってよかったわ」

と、けろりとしていました。

聡明《そうめい》で、めったなことではものに動じない麻生の姑を、父も完全に崇拝していました。

ばかやろう

父と私は顔さえ合わせれば、なにかいい合いをしていたような気がします。これは娘時代からそうで、たとえば私が政治的な事件について生意気な意見をいうと、父のほうもすぐに「なにをいっているんだ」と反論してきます。こちらも負けずに「だって、こうでしょう」といいかえすので、おしまいには喧嘩《けんか》のようになります。

仲がいいほど喧嘩をするといいますが、たしかに近い人とは喧嘩しやすいのかもしれません。おたがいに自由にものがいえますから、いい合いにもなるのでしょう。

ところが主人と私とは、もちろん仲がわるいわけではないのですが、喧嘩になることはほとんどありませんでした。

「あなたと喧嘩したことがないのは、つまり、あまり仲がよくないってことかしら」などといって主人と笑い合ったことがあります。

父は、気の短いほうでしたからなにか気に入らないことがあるとすぐに「ばかやろう」です。

父のそばにいる人たちはしょっちゅうこの「ばかやろう」をいわれていましたが、じつは怒ったときの父の顔が私は好きでした。

父がほんとうに怒ると、虎《とら》みたいにピカピカッと目が光ります。怖いのですが、ちょっと立派に見えました。

父が怒りだしたとき、怖いと思って退《ひ》いてしまうとそれで負けです。ぐっと踏みとどまって平気な顔をしていれば、あとはけろりとしたものです。それこそ雷みたいなものでしたから、ドカーンと落ちたらあとは晴天でした。

それでも、父の雷には、まわりにいらした方がたはずいぶん困られたようです。父がどんなに怒ろうと娘の私なら平気でしたから、なんとなく雲行きがあやしくなると秘書官室から「危ないから、すぐ来てください」と電話がかかってきます。

秘書官室では、毎日まるで天気予報のように「今日は晴れ」「曇天」「嵐《あらし》」「そろそろ雷が落ちますよ」という具合に、父の機嫌の観測結果をいいあっていました。

おかしいことに、父にとっては雷を落としやすい相手というのがあるらしく、そのころ外務次官をしていらした太田一郎さんもどういうわけかそのおひとりでした。

外務次官でいらっしゃいますから、太田さんは毎日のように報告に来られます。たまたま父の機嫌が朝から荒れ模様だというようなとき、太田さんが来られると秘書官室の人たちは、「しめた」という顔をします。

父の雷が太田さんに落ちればあとは晴天ですから、落とされやすい太田さんが来られるのはみんな大歓迎だったわけです。

みんながあんまりよろこんでいるので、

「お気の毒じゃない」

というと、父の私設秘書官は、

「いえ、次官にはどっちにしても雷が落ちるに決まっているのですから、おなじ落ちるのなら有効に使わなくては」

などといっていました。

もうひとり秘書官室にも雷の落とされやすい人がいて、雲行きがいよいよあやしくなってくると、

「ここに雷が落ちると停電だから、落ちるまえに誰だれをやっておけ」

と、その人がよばれて父のところへやられます。

するとほんとに父の雷が落ち、その方がなんだかしょぼしょぼした顔でおりていらっしゃると、みんな、

「ああ、これでいいよ」

と安心します。まるで避雷針のようなものでしたから、つくづくお気の毒でした。

もうひとつ、父は時間にとてもきちょうめんでした。

父のところでは家中の時計がみんな五分進めてあります。自分の持っている時計も、おなじように五分進めてありました。

「パパだけひとり五分早くたって、なんの役にもたちゃしないじゃない。世間はそうじゃないんだから」

というと、父はいいました。

「五分世間より早い、その五分というのがだいじなんだ」

自分が時間にきちょうめんでしたから、時間どおりにいかないと腹をたてました。昔からそうでしたから、子供のころから「父を待たせるとおっかない」というのは身にしみていました。

総理公邸にお客様をおよびしたある日のこと、二階でそのための着替えをしていたところに階下からお手伝いさんが上がってきて、

「お待ちでございます」

といいます。

「あ、たいへんだ」

と思って大急ぎで階段をおりかけたときスカートを引っ掛け、そのはずみで階段を転げ落ちました。お腹《なか》に子供がいたときでしたので、落ちながら「こういうときは無理に止めてはまずい」という考えが頭をよぎり、そのまま横向きに十六段ぐらい落ちたでしょうか。

自然に止まったところで起き上がりましたが、もしもお客様とごいっしょのお食事の途中で具合がわるくなったらかえって失礼です。これはどうしたものかしらと思いながらおりていくと、外国人のお客様でしたので食前のカクテルが出ています。

それでそのカクテルをひとつもらい、一杯ギュッと飲み干してじっと座って様子をみていたところ、どうやらだいじょうぶそうです。

あくる日、お医者さんに行ったら、

「赤ちゃんの位置がくるってますね」

といわれましたが、それだけであとはなんともありませんでした。

別の日、今度はどこか外国の大使館におよばれしていて、父といっしょに出かけるために着替えをしているところに、また、

「お待ちでございます」

とお手伝いさんがよびに来ました。

そのとき着かけていたのは背中に小さめのボタンがずうっと付いているタイトなスタイルの洋服でしたが、父が待っているとなればぐずぐずしてはいられません。いちばん上のボタンをひとつだけかけて階段をかけおり、そのまま自動車に乗りこみました。

そうして自動車のなかで、

「ちょっとパパ、わるいけど、私の背中のボタン留めてくださらない」

とたのみ、父が眼鏡を外して、

「めんどくさいね」

などといいながらボタンを留めてくれていると、ふいに両側から新聞社のカメラマンのライトで照らされるではありませんか。

「あ、ちょっと照らしているからいい。私、自分でするわ」

とあわてていいましたが、きまりがわるいといったらありませんでした。

在職中はとにかくこんな調子でしたが、父を待たせないように、父を怒らせないようにと気を使ったのは、父の機嫌がわるくなるとまわりの人がみんな憂うつになるからでした。私が自分で勝手に父と喧嘩するのはかまわないのですが、まわりの人に不愉快な思いをさせては迷惑ですから、なるべく怒らせないようこころがけていたわけです。

それでもやっぱり父は短気でしたから、衆議院の予算委員会で社会党の西村栄一《にしむらえいいち》さんにくいさがられ、ついつい、

「ばかやろう」

という言葉を口にしてしまったことがありました。

昭和二十八年、それがもとで衆議院を解散するはめになりました。これが有名な「バカヤロー解散」ですが、ずっとあとになって父は、

「あのとき、まるでおれが、ばかやろうってどなったみたいにいわれているけれど、どなりやしなかった。人には聞こえないだろうと思ってつぶやいたのが、マイクにのってみんなに聞こえてしまっただけだよ」

とおかしそうにいっていましたが、さて、真相はどうだったのでしょうか。

臣茂

昭和二十七年、明仁《あきひと》親王殿下が成年に達せられ、御成年式と立太子の式典をされたとき、父は総理大臣としてお祝いの言葉を奉読しました。そのとき父が自分を「臣茂」と称したのが、あとで論議の種となったことがありました。

そのことの是非はともかくとして、父が昭和天皇陛下を心からご尊敬申し上げていたのは事実です。

父は、陛下にお目にかかるときは最敬礼でした。総理大臣のときには、十日に一度くらいの割合で陛下に拝謁《はいえつ》させていただいていたと思いますが、そうした折りになにかご下問いただくと、ちゃらんぽらんでごまかし上手な父もさすがに真面目《まじめ》にお答えしていたようです。

あるとき、なにかその場でお返事できないことがあり、

「追って調べてまいります」

と申し上げてきたと父がいうので、

「へえ、よく正直におっしゃったのね」

とからかうと、

「相手がわるいよ」

と父は笑っていました。

陛下のご記憶力は抜群でいらっしゃいましたから、父としても、調べてまいりますとお約束した以上、かならずそのようにしたでしょう。

第一次内閣のとき、斎藤隆夫《さいとうたかお》さんを内務大臣にするという方針で閣僚名簿を作り、GHQにもっていったことがありました。当時は、総司令部の許可がなくては組閣も自由にできなかったのです。

このときは、いよいよ陛下のところに閣僚名簿をもって上がろうという寸前になってマッカーサーから連絡が入り、斎藤隆夫さんではだめだといってきました。そういわれればこちらは諦《あきら》めざるをえない立場でしたが、陛下のところへ上がる時間が迫っています。閣僚名簿は陛下にお見せするものですから墨で丁重にしたためられていました。斎藤さんのお名前をはずして書き直すにしても時間がありません。

どうしようと、みんなが大騒ぎをしていると父が現われ、筆に墨を含ませて斎藤さんのお名前の上にすうっと一本線を引きました。まわりのものがあっけにとられているなかで、

「さあ、煙草《たばこ》はどれにしようかな」

と、父は自分の葉巻を選びはじめました。

墨で消した箇所のあるような書きつけを陛下にごらんいただくことなどけっしてあってはならないことだと誰もが思っていましたので、父の悠揚迫らざる様子にみんな驚かされましたが、考えてみれば、陛下がこうした緊急の場合をご理解くださることを父はよく知っていたのでしょう。

戦後、日本がひじょうに苦しかった時期に、昭和天皇でなければ危うかったのではないかと思われる局面が何度かあったように聞いています。

マッカーサーは陛下に会われて、そのお人柄にたいへん感心されたそうですが、マッカーサーが個人的に陛下に好意をもつということがなければ、日本の戦後はもっともっと厳しいものになったかもしれません。

私にしても、子供のころから皇室というものは「別格官幣大社《べっかくかんぺいたいしゃ》」で、われわれ平民とはできがちがうのだというような気持ちをなんとなくもって育ちました。

私の場合、ほとんど海外で育ちましたから、まさか陛下を神様だとかそんなふうに思ったことはありませんでした。

けれども実際にお目にかかってみると、もしかするとこのかたは神様なのかなと思ってしまうほど、特別な方でいらっしゃいました。

たとえば、園遊会のように大勢の方が集まっているような場所でも、陛下のおいでになるあたりはなにか特別な感じがします。お部屋のなかに、陛下が入っていらっしゃると、そちらのほうを向いてなくてもなにかを感じます。なんとなくそこに、つい振り向きたくなるような雰囲気をおつくりになるかたでした。

昭和四十二年、秩父宮妃殿下が英国へいらっしゃるときに私がお供を仰《おお》せつかり、御所にご挨拶《あいさつ》にうかがったことがあります。

御所では陛下に拝謁させていただくまえに、記帳をしなくてはなりません。はじめ

てのことでしたからどう書いていいかわからず、

「ここになんと書くのですか」

と、そこにおられた内舎人《うどねり》にうかがったところ、

「秩父宮妃殿下の御渡英につき、首席随員を仰せつかる」

と、小声で教えてくれます。なるほど、そう書けばいいのかと思ってみると、筆が置いてあります。

「ペンではいけませんか」

ときいてみると、

「ペンはここにはございません」

というお返事です。

「私、持っているんでございますけれども」

といったのですがだめで、しかたなく筆で記帳するはめになりました。

ところが、書きはじめたはいいのですが、首席随員の「随（隨）」のところにきてぴたりと筆が止まりました。どういう字を書くのだったか、ど忘れしてしまったのです。頭がカーッと熱くなりましたが、思い出せないものはしかたがありません。

「首席随員の随ってどんな字だったかしら」

とひとりごとをいうと、そこに立っていた内舎人が正面を向いたまま小声で、

「こざとへんを書いて、左という字の下に月、そしてしんにゅうを書く」

と正字を教えてくれました。

その恥ずかしかったことといったら、それ以来、随分とか、随所とか、随のつく言葉は忘れられません。

陛下に拝謁させていただくまえには、あらかじめ侍従長から、

「お部屋にお入りになったら、おじぎをなさって、何歩前にいらして、それからまたおじぎをして」

と、単独拝謁の作法について説明がありました。単独拝謁とは、ひとりで陛下に拝謁をおおせつかることです。

いよいよ、陛下のいらっしゃるお部屋に入り、教えられたとおりにおじぎをして何歩か進みまたおじぎをしてひょいと顔をあげたところ、なんと目の前は壁です。部屋に入ったときから下を向いていたので、進むべき方向をまちがえたらしいのです。

ごらんになっていらした陛下もさぞおかしくお思いになったことでしょうが、お笑いになったりはなさらず、

「うーん」

とおっしゃって、おいでの位置を教えてくださいました。

そこで、壁のところからまたおじぎをやり直して御前に進ませていただきましたが、陛下のおそば近くまでいっても、どうしてもお顔までお見上げすることができません。

陛下にはつごう三回、拝謁をおおせつかり、そのたびに、

「今度こそは、どんなネクタイをしていらっしゃるか拝見しよう」

などとつまらないことを考えながら臨むのですが、どうしても視線が陛下のお胸のあたりで止まってしまいます。

別に威張っていらっしゃるわけではありませんし、お背にしてもけっして大きくていらっしゃるわけではないのですが、自然にこちらの頭が下がるような、なにかをおもちの方でした。

三笠宮さまの寛仁《ともひと》親王殿下のもとに、信子親王妃殿下がこちらからおあがりになったとき、陛下が麻生一家を御所にお招《よ》びくださったことがありました。

そのとき陛下から、

「太賀吉はほんとうに気の毒なことをしたね」

とお優しいお言葉をいただいたのが胸にしみました。そのとき、すでに主人は入院しておりました。食道癌《しょくどうがん》でした。

そのあとも、園遊会などにご招待いただくと、

「しばらくだったね。信子はよくつとめていますよ」

とわざわざお言葉をかけてくださいます。

末の娘を宮家にあがらせて、どんなにか心配しているだろうとお思いになられたのでしょう。人を思い遣《や》ることの並外れた方であられました。

陛下は人間としては別格でしたが、神様ではない。神様のようでいらして、もっとずっと人間味のおありになる——結局は、陛下のご人格でしょうか。人間としてすばらしくお偉い方だったと思います。

再軍備を迫られて

終戦の翌年に大急ぎで制定された新憲法のもとに、とにもかくにも復興を第一の目的に据えて日本の戦後がスタートしたわけですが、その後の数年間のあいだに日本を取り巻く世界の情勢はずいぶんと変化していました。

もっとも大きな変化といえば、アメリカとソ連のあいだにいわゆる冷戦がはじまっ

たことでしょうか。近いところでアジアでは、中国で共産主義革命が起こり、昭和二十五年には朝鮮戦争が勃発《ぼっぱつ》しています。日本が復興に向かってひた走っているあいだに、世界の情勢はずいぶんときな臭いものになっていたわけです。

アメリカから国務長官外交政策顧問のダレスがみえたのは、ちょうどこうした時期でした。

日本に来てあらためてあたりを見まわしてみると、自由主義圏を防衛していくうえで日本がひじょうに重要な位置にあることに気づかざるをえなかったのでしょう。つい数年前にどうみてもアメリカ主導で制定された平和憲法があったにもかかわらず、ダレスは日本に再軍備を要請しました。

ダレスにしてみれば、日本に再軍備をさせれば朝鮮半島への守りも強化できますし、派兵もできるのですからこんなに都合のいいことはありません。

ところが、困ったのは父のほうでした。この時期、再軍備については、父はそれこそ断固として「するべきではない」と考えていたのです。

『回想十年』のなかで、父は、

「再軍備などを考えること自体が愚の骨頂であり」

といっていますが、その理由として三つの事柄をあげています。

第一に、軍備を整えるにはお金がかかりすぎること。とりわけアメリカに匹敵するほどの武装を実現することなど、敗戦国日本にとっては到底望み得べきことではないと父はいっていますが、軍備をもつならアメリカに匹敵しなくては意味がないと思うところがいかにも父らしいところです。

第二に、再軍備の背景となるべき国民の心理的基盤がまったく失われていること。たしかに長い戦争から敗戦に至る過程で、国民の誰もが心身ともにへとへとにくたびれ切っていましたから、これは、父のいうとおりではなかったかと思います。

第三として父があげたのは、理由のない戦争に駆り立てられた国民にとって、敗戦の傷跡がいくつも残っていて、その処理がまだ残っているのだということでした。敗戦の傷跡といえば、これもまた別の意味で傷跡のひとつなのではないかと思いますが、

「再軍備などしたら、満州事変のときの夢がよみがえって、死んだはずの奴《やつ》らがまた軍刀を下げて出てくるぞ」

というような危惧《きぐ》を、父が何度か口にしていたという話を当時の秘書官の方から聞いたことがあります。

どこからみても、再軍備についての父の意向はじつにきっぱりとしたものだったのです。ところが、ダレスのほうもけっして生やさしい人ではありませんでしたから、総理である父に対してひじょうに強硬に日本の再軍備を求められたようです。

このころ占領軍であるアメリカの意向は、簡単にノーといってつっぱねられるものではありませんでしたから、ダレスにたいして「再軍備はしない」という意思を通し抜くために父としても相当の苦労をしたようです。

最終的には、父はマッカーサーに理解を求めるという手段を取りました。ダレスと何時間話し合っても話がつかないので、ふたりでマッカーサーのところに行き、かれの前で議論をしたのです。すると父の主張のほうにマッカーサーは共感してくれ、その結果とりあえずダレスも再軍備の要請を取り下げるにいたったということです。

ダレスさんには父はずいぶん苦労させられたのですが、その一筋縄ではいかない当のご本人に、

「あなたのお父さんはまるでブルドッグみたいだ。くいついたら離さない」

といわれたことがあります。

「まあ、よろしゅうございましたわね。でも純粋のブルドッグかどうかはちょっとわかりません。政治家はくいつくばかりが能ではありませんから」

というようなことをお答えしました。

ダレスさんはたいへん有能な方だったのだろうと思いますが、とても理屈っぽくて堅い方でもありましたので、私としてはつい冷やかしたくなることもありました。

首相公邸の晩餐会《ばんさんかい》にお招きした折りに、お隣りに座られたダレスさんが、

「日本人というのはどうもわからない。刺身といって生の魚を食べるなど、野蛮に思える」

というようなことをおっしゃるので、ついむっとして、ちょうどテーブルに出ていたウズラを姿のままローストした料理の頭の部分に飾りのついた楊枝がさしてあるのをひとつとり、

「日本人は、こうしてウズラの頭も食べますのよ」

といって、目の前でバリバリ食べてみせたことがありました。ウズラの頭は外側の骨も脳味噌《のうみそ》も柔らかいし、味も柔らかいのです。

「おいしいですから、召し上がってごらんになったら」

というと、おそるおそるでしたがダレスさんもウズラの頭を召し上がっていましたが、さぞびっくりされたことでしょう。

単独講和か全面講和か

敗戦国日本、連合軍による占領下の日本の総理となった父が、日本の復興と並行してめざし続けたものは、占領状態からの独立でした。

「一日もはやく独立して、一人前の国として国際社会に復帰しなくてはならない」ということが、終戦からサンフランシスコ講和会議に至るまでの六年間に父がもっとも強く思い続けたことだったのです。

ですから昭和二十六年九月、ついに講和条約が締結できるところまでこぎ着けることができたときには、父としてもほんとうにいろいろな感慨があったのではないかと思います。

講和会議は秋でしたが、おなじ年の四月、総司令官マッカーサーはトルーマン大統領によって突然罷免《ひめん》されアメリカに帰国していました。

マッカーサーは、はじめに日本に来たときのことから考えると、おしまいのほうでは日本にたいしてずいぶんと同情的になっていました。最初のうち、かなり高圧的に見えたのも軍人として極東で戦ってきた人だったことを思えば当然だと思います。振り返ってみれば、戦後の日本が直面させられたいくつかの危ない局面を、この人のおかげで乗り切れたということもあったようです。

ソ連が北海道に進駐したいといってきたときに、もちろんアメリカの戦略でもあったのでしょうが、即座にはねつけたのもマッカーサーでした。ソ連が来ていたら、北海道はソ連の占領下に置かれ、日本は北朝鮮（朝鮮民主主義人民共和国）と韓国のような状態になっていたでしょう。

日本にとってはどちらかといえばよくしてくれていたマッカーサーが罷免されたのは、朝鮮半島をめぐってトルーマン大統領と意見の対立があったためといわれていますが、突然の解任には父もたいへん驚いたようで、

「アメリカも思い切ったことをする」

といっていました。マッカーサーの後任として日本に来たのはリッジウェイ中将でした。

さて、念願の講和会議のめどがたったものの、国内ではぎりぎりまで父を悩ませた大問題がもちあがっていました。

単独講和か、全面講和か。九月に迫った講和会議で、日本は講和を結べる相手国と

のみ講和を結ぶのか、全部の国と講和を結べるときが来るのを待つべきなのか、国内の意見が大きくふたつに割れてしまったのです。

ちょうど米ソの対立が深刻化する一方の時期にあたり、ソ連は西ベルリンを封鎖し、北朝鮮と韓国は南北に分かれて戦争をはじめているというような状態でしたから、アメリカが主導権をとって進めている講和会議で、講和の条件について米ソが一致するはずがありません。

国際情勢をちょっとみれば、この時点で全面講和が望めるかどうかはあきらかでした。全面講和でなければならないというのなら、米ソが対立をやめる日がくるまで待たなければなりません。

それよりも、いまはアメリカやヨーロッパの自由主義圏の国々と単独講和を結んでおいて、いずれ時が来ればそのほかの国とも講和を結ぶことにしたほうがよほど現実的だというのが父の考えでした。

自由主義諸国とのあいだに講和が成立すれば、日本は独立国です。いくら全面講和が理想であっても、現実を見ずにイデオロギーに振りまわされていては日本はいつまでたっても被占領国のままです。どちらを選ぶか、父にしてみれば考えるまでもないほどはっきりしていましたから、この時期に世論が真っぷたつに割れたことについては、ずいぶんイライラもさせられたようです。

またサンフランシスコ講和会議に臨む全権団は、可能なかぎり挙国一致に近い態勢で構成するようにというアメリカ側の思惑もあって、各党を説き伏せて代表を出してもらうのに、父やまわりのひとたちはかなり苦労しました。

ようやくできあがった全権団は、自由党からは父のほかに蔵相の池田勇人さんと星《ほし》島《じま》二郎《ろう》さん、民主党から苫米《とまべ》地《ち》義《ぎ》三《ぞう》さん、緑風会から徳川宗敬《とくがわむねよし》さん、日銀総裁の一万《いちま》田《だ》尚登《ひさと》さんの、つごう六人です。

九月に入って、この全権団とともに、いよいよ講和条約調印のためサンフランシスコに向かって飛び立つことになりましたが、このときの父はずいぶん真剣な表情でした。

父自身は、いまこの時期を逃さず単独講和を進めることになんの迷いももっていませんでしたが、ではこの条約調印を肝心の日本国民がどう受け止めるのかというと、いまひとつ読みきれない不安がありました。

ひじょうに楽天的な父でしたから、自分の一身上のことでしたらいつも「なんとかなるさ」できていましたが、さすがに一国を預かり重大な決断をしてのけなくてはならない重圧のまえには真剣にならざるをえなかったのです。

ところが、全権団といっしょに羽田でパン・アメリカンのチャーター便に乗りこんだところ、

「お荷物に問題があります」

といわれるではありませんか。

飛行機のなかは警護の人たちがたくさん同乗しており、ものものしいなか、いったいなにごとかと思っていってみると、父の荷物のなかのマッチが問題だというのです。葉巻に火をつけるとき、父はけっしてライターを使いませんでした。油の匂《にお》いが臭いといって、かならずマッチでつけるのですが、日本のマッチはすぐ折れたり火がつかなかったりで、かんしゃくを起こしていました。

ちょうどこのころ、父は、無事講和が成立し日本が晴れて独立できるまではと、葉巻断ちをしていましたが、父の世話をしてくれていた安斎は、

「サンフランシスコで条約に調印ができたあかつきにはきっと久しぶりの葉巻を楽しまれるにちがいない」

と気をきかせて、イギリス大使館から分けてもらっていたマッチを父の荷物のなかに入れていたのでした。

荷物のなかからイギリス製のマッチが取り出されるのに立ち会いながら、アメリカ

にもマッチくらいいっぱいあるのにと思うと、おかしかったのをおぼえています。

サンフランシスコ講和会議

講和条約の会議は、サンフランシスコのオペラハウスでおこなわれました。条約会議が進み、九月八日の調印式の前日だったでしょうか、父に日本を代表して受諾演説をする番がまわってきました。

父ははじめ演説を英語でするつもりでいました。演説の原稿も英文で用意されていました。ところが直前になって、こちらの福永健司《ふくながけんじ》さんのもとに、アメリカ側から、「よろしかったら、日本語で話したらどうですか」というような話がありました。日本語で話していいのなら、それはそのほうが楽ですから、急遽《きゅうきょ》、日本語で演説をすることになりました。

ところが、日本語の原稿を用意するのにじゅうぶんな時間がありません。七、八人が手分けして、大急ぎで原稿を書き、あとでスコッチ・テープで貼《は》りあわせてようやく間に合うような状態でした。

そんな急作業でしたからできあがった原稿はきれいとはいえないしろもので、巻紙というよりは、どうみてもトイレットペーパーに近かったので、落っことしでもしてあちらの人の手に渡ってしまったら困るところでした。

このときの父の演説は、歴史的なといってもいいくらいの舞台だったにもかかわらず、あきれてしまうくらい淡々としたものでした。まるで大磯に電話でもしているかのようなそっけなさで、原稿をさっさと読んでいきます。

あとできいたら、どうせ会場の誰も日本語がわからないのだから、さっさとすませるにかぎると思ったというのです。感激もなにもあったものではありませんが、じつはこのときの父の演説は日本に放送されていたのです。

そんな調子でしたが、父の演説がすむまえに舞台に立てられたポールのなかの一本に、日の丸の旗がするするとあがっていくのを見たときにはさすがに私も胸に迫るものがありました。日の丸というのは、海外で見るとわけもなく胸の熱くなる旗です。理屈は抜きで、外国の空にはためく日の丸を見ると「よく頑張っているな」と涙ぐましいような気がしてしまうのです。

講和会議の最終日は、調印式でした。ソ連、ポーランド、チェコスロバキアの共産国をのぞいて、四十八カ国の代表が講和条約に調印しました。

最後に、日本の全権団の六人が父を先頭に次々に調印しましたが、じつはこのとき父に頼んでおいたことがありました。講和条約にサインをした万年筆をぜひとも記念にほしかったので、

「自分の万年筆でお書きになってちょうだいね」

とこっそり念をおしておいたのです。

父は約束どおり、先方で用意していた万年筆は使わずに自分の万年筆でサインしてくれましたが、じつは用意されていた万年筆のほうもひとりひとり記念にもらえることになっていたのでした。シェーファーの黒の万年筆で、いまもだいじに持っています。

こうして講和条約の調印式が無事にすみましたが、おなじ日におこなわれた日米安全保障条約の調印式のほうは、父ひとりがサインをしました。

安全保障条約は、日本国内で反対がひじょうに多いことがわかっていましたから、父はあくまで自分ひとりの責任にしておきたかったのでしょう。

さて、私たちの一行がふたつの大きな条約調印をすませて日本に帰国してみると、思ってもみなかったことが待ち受けていました。羽田空港が日の丸の小旗を振って出迎えてくれる人たちであふれかえっていたのです。

日露戦争のあとの講和会議で、ポーツマス条約にサインした小村寿太郎《こむらじゅたろう》さんが帰国後さんざんたたかれた例もありましたから、父はそのくらいの覚悟を決めて講和条約に臨んでいました。ところが降り立ってみると、飛行場は歓迎の人出でいっぱいです。思いもかけなかっただけに、父は、みなさんから歓迎されたことにひじょうに感激した様子でした。

そうして、みんながそんなに歓迎してくれるということにたいして、それだけの仕事を自分はしていないと思ったのでしょう。歓迎の人波を眺めながら「すまないなあ」とひとこと、父がいったのが耳に残っています。

公邸にもどった父は、それでもよほどほっとしたのでしょう。秘書官たちといっしょに食事をして、日本酒をかなり飲んでいたようでした。この夜は、酔っ払うというところまではいきませんが相当ご機嫌でした。

「パパってばかね」

サンフランシスコに行くまえの父は、この講和会議が終わったらともかく引退だと、半分くらいは思っていたのではないかと思います。

けれども日本が念願の独立をはたしてみると、今度は占領時代にとりあえずやってきたことで気に入らないところがいろいろあるのを、自分の手で直したいという気持ちが起きてきたようでした。

それからまた、野党からやっつけられたことも総理を続けた理由のひとつかもしれません。父は誉《ほ》められてもあまり発奮しないのですが、反対されると発奮してのこのこ出てくるようなところがありました。

どちらにしても、講和会議はひとつの節目だったと思います。

講和会議の終わったこの時点で一度総辞職をし、総選挙をしてやりなおすべきではないかと思い父にそういったところ、

「勝つのはわかりきっているのに、総選挙なんて時間と金がむだだ」

という返事です。

たしかにこの時期総選挙をすれば父は勝ったにちがいありません。けれども、総選挙によって国民全体があの講和条約というものに賛成だということを一度ちゃんと示しておけば、ひとつのけじめがついたように思います。いろいろとあいまいなものを、一度きちんとする手間をここで惜しまないほうがよかったのではないかと、いまだに

私はそう思っています。

結局、講和会議が終わってほっとしたのもつかのまのことで、講和以降も第三次吉田内閣が続き、第五次吉田内閣まで父は総理を続けることになります。

さて、そうなると私のほうも父のお供をして海外に出かけることも多くなりました。いわゆるファーストレディの立場にいてさぞかし華やかな思いをされたことでしょうと尋ねられることがありますが、はっきりいってみなさまが想像なさるような楽しい思いをしたことなど一度もなかったという気がします。

海外に行けば父や同行の人たちがあちらの人たちとうまく意思を通わせられているかどうかが気にかかりますし、日本に帰れば帰ったで頭の痛い問題が山積みになっています。ほんとうに苦労ばかりだったという気がします。

ところが、それはそうなのですが、こうしてあらためて思い出してみると、苦労のなかにも楽しかったり愉快だったりしたことが次々に浮かぶのは、やっぱり父が相当におもしろい人だったからなのかなという気もします。

人間が強いところと、人情に負けてしまう弱いところの両方が父のなかで混ざりあっていたようです。ひじょうに合理的なものの考え方をする一方で、とんでもなく浪花節《なにわぶし》的な性格が前面に出てくることがありました。

理知的かどうかはともかくとして、父吉田茂は、おもしろい人間であったことはたしかだと思います。

毎年十一月にこちらの家で開いていた仮装パーティもおもしろかったことのほうに入るでしょうか。みんな思い思いの扮装《ふんそう》に工夫を凝らして集まり、誰がいちばんうまく化けたかコンテストをします。

政治家の方では佐藤さんや池田さんが参加されていました。佐藤さんは一万円札の聖徳太子になられて、とてもよくお似合いでした。池田さんは高下駄《たかげた》を履いて五高の学生になられました。アラビアのロレンスになられた方もいます。

私はというと、ある年ダッコちゃんになったことがあります。顔じゅう真っ黒に墨を塗ったところ、耳のなかまで塗った墨がずいぶん長いこととれなくて、これにはほんとうに閉口しました。

父は動物園が好きでした。海外に出かけるとよく動物園に行っていました。動物園に行くと、父はいきなりゾウのところに行って長いこと眺めています。気の短い父がゾウのようなのっそりとした動物が好きだというのも意外ですが、ゾウの辛抱強そうなところが気に入っていたのでしょう。

インドの大統領からゾウが日本の上野動物園に贈られたことがありました。ネール首相のお嬢さんの名前をとってインディラというゾウでしたが、お返しに日本から北海道の熊《くま》を贈ることになりました。

それはいいのですが、父は先方に贈る熊に、カズコという名前をつけて返そうといいます。自由にされるのならともかく、檻《おり》のなかにカズコがいるなんてまっぴらです。

「絶対にいやです」

というと、父は、

「いいじゃないか、熊はかわいいよ」

と笑っています。

「かわいいかどうか知らないけれども、私は檻のなかはいやです」

と断固断わりぬきましたが、あとで思い出すとなんだかおかしいお話です。

父のほうもしょっちゅう私をからかっていましたが、私のほうもなにかというと、

「パパってばかねえ」

などといっていたものです。あるとき、いつものようにそういうと、

「おまえはパパがばかだ、ばかだっていうけども、世間ではわりに頭がいいっていう人もいるんだよ」

と真顔でいいます。

「あら、いよいよぼけたんだわ。そういうのを信じるようになったら」

といってやると、

「ほんとに憎らしい子だ」

と父は少し残念そうな顔をしていいました。

ちょっとかわいそうなことをいってしまったかもしれません。

政治の裏側

いいにつけわるいにつけ政治の世界の複雑さをいちばん感じたのは、やはり第四次吉田内閣から第五次内閣にかけての二年間だったでしょうか。

父の在職中はしょっちゅうはらはらのしどおしでしたが、とりわけこのころになると、こっちがよければあっちがわるいというように、いつもどこかが具合がわるかったり歯車が合わなかったりしていて、どうなるのかなあと心配ばかりしていたような気がします。

閣僚どうしのなかでも、ぎくしゃくしていた時期もありましたし、あっちもこっちもむずかしい問題だらけのように感じられました。

どんな社会でもありがちなことだとは思いますが、政界というところはいやな世界で、今日の友は明日の敵といったことがしばしば起こります。

それというのも、男の人にとっては、やはり権力というものがよっぽど魅力なのでしょう。自分の思ったとおりにできる権力をえるために、常に得《とく》になるほうへと身を処していく。常に得なほうへつくということが、ためらいもなくできてしまう場合があるようです。

もちろん、それでわるいかといわれれば、どなたもそれなりの理由があってのことでしょうからなにもいうことはありません。

それでも広川弘禅《ひろかわこうぜん》さんのときのことは、いま思えば笑い話みたいなものですが、その当時は私も若かったのでしょう、ほんとうに心の底から腹が立ったものです。

父は自分と性格のまったくちがったタイプの人間にひかれるようなところがありました。広川さんの場合がそうで、この方が風変わりなふるまいをされたり、なにか奇抜なことをおっしゃったりするたびに、父は「おもしろいやつだ」といっていました。

たしかに広川さんはちょっと風変わりなところのおありな方で、お招きするとご自分の茶碗《ちゃわん》や箸《はし》をもってこられます。それで、こちらでお出しした食事を、食卓ですっかりご自分の食器に移されてから召し上がります。そういう習慣だということでしたが、父には禅宗のほうの方でいらっしゃったので、そういうことでしたが、

私のほうは、台所でご自分の食器につがれるのならこちらの食器を洗う手間がはぶけますが、せっかくこちらの食器にもってあるものを食卓で移されるというのはなにか芝居がかって見えて、おもしろいというよりヘンな方だなという感想のほうが強かったと思います。

この広川さんが、毎日のようにいらしていたのが、あるときピタリとおいでにならなくなりました。鳩山一郎さんの勢力がだんだん強くなってきていた時期でしたから、吉田は危ないと思われてあちらに乗り換えられたのでしょう。広川さんのほうにも、もう吉田とはやっていけないと考えられた理屈がおありだったことでしょうが、こちらにしてみればあまりに唐突でしたから「裏切られた」という思いも強かったのです。

裏切ったにしても裏切られたにしても、そんなことは主観の問題ですからそれだけのことにしておけばよかったのですが、ほんとうに若かったとしかいいようがありません、広川さんの選挙区に対抗馬として立った安井大吉《やすいだいきち》さんの選挙カーに私も乗って、安井さんの応援演説をしてまわったのでした。

その結果というわけではありませんが、安井さんは当選され広川さんは次点に終わられました。足を引っ張ったり引っ張られたり、政治の世界というのはなにか滑稽《こっけい》なものです。

在職期間が長くなるにつれ、父のまわりにはいろいろな方が集まってこられ、また去られていきました。

だいたい父は人の好き嫌いが激しく、人見知りで、知らない人と会うのを億劫《おっくう》がるところがありましたし、そのうえ気が短いときていましたから、娘の私からみても政治家向きではありませんでした。

ですから、まわりの方たちもさぞかしつきあいにくかったのではないかと思いますが、おかしいのは、それでいて父には妙に浪花節的な情にもろい一面があったことでしょう。

ワンマンとよばれるほど性格が強いのですが、意外なほど泣き落としに弱く、自分が政治的にまちがっていないと思っても人に泣きつかれるとちゅうちょします。

あきれたのは、第三次内閣の最後のほうで父が「抜き打ち解散」を打ったときのことです。鳩山さんとの対立が激しくなってきていた時期でしたから、裏をかいて抜き打ち解散にもちこみ、選挙準備のできていない相手を大いに慌《あわ》てさせてやろうという魂胆だったわけです。

ところが抜き打ち解散を決めておいて、「あんなに喜んでるのに伴公が気の毒だから二、三日待ってやろう」などといって父は悠然とかまえています。伴公というのは大野《おおの》伴睦《ばんぼく》さんのことでちょうど衆議院議長になられたばかりでした。あんなに子供みたいに喜んでいるのだから、解散を二、三日ないしょにして、せめてそのあいだだけでも喜ばせておいてやろうというのですが、こちらは新聞に抜かれでもしたらたいへんだとおろおろしているのです。まったく、気が気ではありませんでした。

退陣

政治の世界の裏の面というのでしょうか、闇《やみ》の部分でずいぶん苦労もしたと思うのですが、父のいいところは、あとで悔やんだり恨んだり、愚痴をいったりということがまるでなかったことです。

あいつはいやなやつでこんなことをしたとか、あんなことをしたとかいうことを父はけっしていわない人でした。

ですから、誰かにだまされたというようなことがあっても、一度終わったことは終わったこと、もうあれは忘れちゃったなどといって、さっぱりしたものでした。

自分のまちがいにたいしても、しまったと思えばやり直せばいいといっていましたし、なにか問題が起きたときにも、おまえがそのことをいわなかったからだとか、こういうふうにすればよかったのだとかは、みごとなほどひとこともいいませんでした。すんだことをぐずぐずいうのは潔《いさぎよ》くないと思っていたのでしょうし、もともとすっきりした性格でもあったのでしょう。

子供のころ、

「女はいつまでもくよくよしているからいやだ」

と父にいわれて、男に生まれればよかったと思ったのをおぼえています。

鳩山さんとの確執がずいぶんとりざたされましたが、鳩山さんをはじめとする反対陣営の人たちについて父がわるい感情をもっていたかというとそうでもなかったようです。

なかなかのものだ、おもしろいなというようなことをいっていましたから、主義主張や立場が全然ちがっていても、相手の人間そのものに魅力を感じるところがあったのでしょう。

鳩山さんとはもともと友人でしたし、父が政治の世界に入るきっかけとなったのも鳩山さんからのご依頼でした。それが最後には、政権をめぐって争いあう立場になってしまったわけです。

父の在職中、大磯に鳩山さんが訪ねてこられたことがありました。

終戦後、総理になられようというときに公職追放にあわれ、いよいよ復帰できるときになって今度は病いに倒れられるという不運にみまわれ、大磯にいらしたのはちょうどそのご大病をされたあとのころでした。半身にご不自由が残られ、奥様から介添えを受けていらっしゃる痛いたしいご様子に、父も涙がこぼれそうだったといいます。

昭和二十九年の暮れ、第五次吉田内閣が総辞職するか否《いな》かを決める最後の閣議では、総辞職か議会解散かで閣僚の意見がまっぷたつに割れました。

閣議の場にいた主人の話では、重苦しい緊張場面のなか長時間にわたって激論が続いたあとで、父はひとり隣室に退きました。主人があとを追うと、父は葉巻をとってそれを悠々と吸いながらしばらく休憩をとっているように見えましたが、やがてソファから立ちあがると、

「ではやめて、大磯でゆっくり本でも読むか」

と静かにいいながら、また閣議室へもどっていったそうです。

閣議のあと総辞職が発表され、このとき父の七年二カ月におよぶ政権担当が終わりました。

大磯

大磯での父の引退生活は、とにかくお客様が多かったのであまり寂しいというものではなかったように思います。

政治家の方たちもしょっちゅう来られていましたが、海外からのお客様も、父が親しく存じあげている方がたが来日されたときには、かならず大磯にお招きしていたようです。

大磯の父の家の前を通るとき、バスガイドさんが、

「ここは吉田さんのお宅で二万坪からあります」

と案内されているというのを聞いて、父は、

「二万坪どころじゃない。僕の土地は太平洋を越えてサンフランシスコまで続いてい

る。海のむこうまで続いているんだから、何万坪なんていえないよ」

と笑っていました。

大磯では、父はバラを育てていました。バラの世話だけは自分でもしていて、バラにつく虫を、いやそうに顔をしかめながらそれでも丹念に割箸でつまんで捨てていました。

どんな本をお読みですかときかれて、「捕物帳」とこたえたのが雑誌かなにかに載ってずいぶん有名になったようですが、私が知っているところではチャーチルやイーデンの自伝、シャーロック・ホームズなども英文で読んでいました。

人に頼まれて、お軸にする字などもずいぶん書いていました。自分が気に入らないものは全部安斎に焼き捨てさせ、気に入ったものだけを別にしておきます。そうして、よくできたものに落款《らっかん》を押すのも安斎の役目でした。父の書のどこに落款を押すべきか、安斎だけはちゃんと心得ていたのでしょう。

落語は志ん生が好きで、総理になるまえにはよく寄席《よせ》にも聞きに行っていました。総理に在職しているとき、父と志ん生さんの対談が新聞か雑誌でありました。対談中、志ん生さんがしきりに「総理」といわれるのに対して、「総理はやめないか」と父がいったそうです。

「じゃ、なんて申し上げたらいいんですか」

と志ん生さんがたずねられ、父がこたえていわく、

「茂公とよびたまえ」——。

大磯ではラジオでゆっくり志ん生さんを聞く時間もできたようでした。何度も聞いてよく知っている噺《はなし》でも、オチがくるのを待ち構えていて楽しそうに笑っていたものです。

テレビでは、アンタッチャブルがお気に入りの番組でした。禁酒法時代のアメリカのFBIもので、毎週楽しみに見ていたので、たまたまこの番組の時間にお客様がいらっしゃったりすると、家にいないことにしたりもしていたようです。

若い人たちと話をするのも好きでしたから、在職中から、外務省の若い方たちをよく食事によんでいました。

戦後まもないころには、もと朝香宮邸だった目黒の公邸の日本館、つまり宮家のおつきの人たちがいた寮のようなところに外務省の若い連中が入っていて、よく「アイロン貸してください」などといって父のところに来ていました。

あるときこの人たちを公邸の朝ごはんによんだことがありました。果物にりんごが出て父はそれを取ったのですが食べなかったのだそうです。そうしたら、他の方たち

も召し上がることができず、ずいぶんあとになって、

「あのときのりんご、食べたかったのに吉田さんが全然手をおつけにならないから、こっちもとうとう食えなかった」

と残念がって話していらした方がいます。

食べ物のなかったころのことですからよくおぼえていらっしゃるのでしょうが、丸のままのりんごをフォークとナイフで上手に食べるには少々熟練がいるのです。

外務省の新人たちは父には後輩にあたりましたから、大磯でも毎年新入生を、亡《な》くなるまえの年までおよびしていました。なにを話して聞かせるというわけではありませんでしたが、外交官として育っていく人たちの参考になることでもあればと思っていたのでしょう。

外交官の人たちとは日を分けて、自衛隊の幹部候補生の新入生の方たちも毎年およびしていました。お若い方たちが緊張していらっしゃると、

「そう緊張するな。食いつきゃしないぞ」

などといっておかしそうにしていました。

お若い人たちにしてみれば、父などはずいぶん怖そうなお爺《じい》さんに見えたのかもしれません。

父がまだ外交官でいたころや、内閣の仕事をするようになってからのいろいろなお話を、当時父のまわりにいらした方がたからうかがうことがあります。そうしてたくさんの人たちから懐《なつ》かしんでもらえるところをみると、たしかに父は短気で頑固でしたがおもしろい人でもあったのでしょう。

父がイギリス大使のころ、カメラにたいへんに凝っていらっしゃる外交官補の方が大使館におられました。ある日、この方に、お客さんの相手に出るように父がいったところ、タキシードがないから出られませんという返事が返ってきました。外交官でいながらタキシードがないなんてとんでもないと、父はお金を渡しました。

それで、次に会ったときに、

「あれで買えたか」

と父にきかれ、その方は、

「じつは写真機を買いました」

とこたえられたのだそうです。どうしても欲しかったライカのカメラを、タキシードを買うためのお金で買ってしまわれたというのです。

「その写真機をもってこい」

と父にいわれ、そのカメラ好きの官補さんが真っ青になって大切なライカを持って

もどったところ、父がいったひとことは、

「そいつで一枚、撮ってくれ」

だったそうです。取り上げられても当然だと思っていたからどんなにほっとしたかしれませんと、これはライカの持ち主ご本人から聞いたお話です。

父が総理だったころ秘書官をしていらした加川隆明さんも、七年間も父のそばにいらした方ですからおもしろいお話をたくさんごぞんじです。知っておられるどころか、この加川さんご自身が、父とはずいぶんおかしなやり取りをしておられたようです。

秘書官になられたばかりのころ、朝、公邸の玄関で加川さんが出かけようとしている父の帽子とコートとマフラーと手袋とステッキを持って立っていらしたのだそうです。ところが、いざ、父が玄関を出ようというとき、加川さんの両手はふさがっていましたから、いったいどうやって帽子と手袋とステッキを手渡しコートとマフラーを着せかけたらいいのか、一瞬わからなくなってしまわれました。

そこで、いきなり帽子をポンと父の頭の上にのせたところ、

「ばかやろう」

とどなられてしまったと加川さんがぼやいていらっしゃるのを聞いたことがあります。

当時の皇太子様の英語の先生をされていたバイニング夫人が叙勲されたときのお話も傑作です。加川さんが「このたびはバイニング夫人が叙勲されまして」と報告したところ、父が、

「それでミセス・バイニングはショジョかね」

と尋ねたのだそうです。

叙勲は初めてかね、という意味で「初叙《しょじょ》かね」といったのでしたが、いきなりでしたから意味がわからず、加川さんは、

「総理、ミセスともうしますから」

と生真面目《きまじめ》にこたえられ、またまた「ばかやろう」とどなられたのだそうです。お気の毒やらおかしいやらで、その話を聞いたみんなで大笑いしてしまいました。

こうした逸話なら、いくつでもある父でした。

マスコミ嫌い

話したことのニュアンスがうまく伝わるかどうかというのは、ほんとうにむずかし

いものです。とりわけ、冗談やユーモアの会話は、その場にいあわせた人たちにとってはおおいに笑いあえるものであっても、活字になったり別の人の口を経て伝えられたりしたとたんに、まったくちがったニュアンスに変わってしまうことがしばしばあります。

そういう意味では、諧謔《かいぎゃく》趣味というのでしょうか、父の場合、素直にものをいうことのほうが珍しいくらい、とにかくシャレや冗談ばかりいっていましたから話したことのはしばしがとんでもない別の意味をもたされて他に伝えられたことも多かったように思います。

記者会見などで、

「新聞記者は嘘《うそ》を書くからね」

というようなことを父はよくいっていたようですが、その場の雰囲気はなごやかなものでも、それがそのまま活字になってしまうと冗談が冗談でなくなり、

「一国の総理が不見識なことをいう」

といった悪評のもとにもなりました。

昭和二十六年の秋でしたか、朝日新聞社がヴァイオリンの世界的名手メニューヒン氏を招いて、日本の各地で演奏会を開いたことがありました。東京の演奏会のときに

は父も招待されましたが、メニューヒン氏のヴァイオリンは二十年まえにロンドンで聴いたときのほうがよかったように思われてそれほど驚かなかったということでした。

もっとも、父ときたら音楽会に行って居眠りをしておいて、

「演奏家が上手でなければ居眠りはできないんだ。下手な人だと耳障《みみざわ》りで眠れないけれど、上手な人だったら眠れる」

などといってごまかしているほうでしたからいい加減なものですが、それでもカンはよかったのでまるっきりわからないというのでもなかったのです。

このときの演奏会では、父はむしろ伴奏者のアドルフ・バトラー氏のピアノに感心していました。バトラー氏のピアノは日本でこそそれほど知られていなかったようですが、欧米ではすでにかなり有名で、独奏者としても立派に通っている人でした。

さて演奏会の翌日、父は、

「メニューヒンを聴いての感想はいかがですか」

と質問を受けました。

すると父はいきなり、

「ピアノはよかったよ」

とこたえたものです。

いうまでもなく、これは父一流の皮肉まじりのシャレとでもいうべきものでしたが、翌日の新聞に父の言葉がそのまま伝えられ、その後しばらくは新聞雑誌のゴシップ欄の材料にされてしまいました。

ある高名な音楽批評家までが登場して、

「世界的名手メニューヒンのヴァイオリンをピアノとまちがえる程度の音楽鑑賞力しかもたない総理大臣の下では、日本はとても文化国家にはなれない」

というような大真面目な非難まで現われる始末でした。

こうした調子で、いったことがちがった意味で伝えられたり、冗談が通じなかったりということはしょっちゅうでしたが、まったくありもしないことや、あきらかに事実とはちがうことがまことしやかに新聞報道されることもしばしばでしたから、父はマスコミというものをあまり信用していなかったようです。

おかしかったのは、大磯に泥棒が入ったときでした。

在職中、父は週末はほとんど大磯で過ごしていました。金曜日になるとさっさと大磯に引きあげ、月曜日には東京に戻ってきます。

あるとき、大磯の家に忍びこんだ泥棒を、ちょうどお風呂《ふろ》に入ろうとしていた護衛官の人が取り押えたという事件がありました。大磯で父の身のまわりの世話をしてくれていたこりんさん、つまり坂本喜代さんが大あわてで二階に上がりこのことを父に知らせようとしたところ、たまたま書類を読んでいる最中だった父に「うるさい」とどなられたのだそうです。

坂本さんにしてみればいきなり「うるさい」とやられたものですから、開けた襖《ふすま》をピシャッと閉めて引き下がるしかなかったそうで、泥棒の件を知らせそびれてしまいました。

翌日、私が書斎に入っていくと父が新聞を読んでいます。そうして、

「新聞っていうのはじつにでたらめを書くね。ここに賊が入ったって書いてある」

といいます。

「あらいやだ、ほんとうに入ったんですよ」

というと、きまりがわるかったのか、

「ああ、そうかい」

などとすましていましたが、このときは知らなかったのは父だけで、新聞のほうはちゃんと事実を書いたというわけでした。

私にしても、自分がそれほどつむじまがりだとは思いませんが、新聞の記事を読むと、

「ああ、新聞にこう書いてあるからホントはちがうんだな」

などと、ついつい疑ってかかる習慣がいまだに抜けないのは、父についてあまりにも事実とはちがった記事を書かれ続けたころの後遺症かもしれません。

いまのようにテレビの発達した時代ではありませんでしたから、マスコミとの対応といえば主たる部分は新聞でしたが、政治家と新聞記者とは、抜かれては困る立場のものと抜きたいもののあいだで、まるで狐《きつね》と狸《たぬき》の化かしあいのようなことをやっていたようです。

化かしあいでしたが、マスコミの力を利用してというようなことを父は全然考えてはいませんでした。むしろ、政治家にしても外交官にしても、新聞を利用したり、新聞に利用されてはいけないという信念をもっていたように思います。

そうした姿勢も影響したのか、父は必要以上に新聞にたたかれたという気がします。それで、父が引退してから主人がしょっちゅういっていたのは、父が新聞記者たちにつとめなかったのだから、自分がかわりに新聞記者たちとうまくつきあうようつとめるべきだった。ところが自分も新聞記者が嫌いで、ついその努力をしなかったのはほんとうにあいすまなかった、ということでした。父が嫌いなものは主人も嫌いだったのですから仕方がありません。

父のカメラ嫌いについてもよくいわれましたが、大勢のカメラマンに取り囲まれて、花火のようにフラッシュをたかれたり、物陰からいきなり飛び出してきてパッと写真を撮られたりというのは誰にとっても愉快なものではないでしょう。あまりつづけざまにフラッシュをたかれると、目がくらんで歩けなくなりますから、

「いい加減でよさないか」

とどなったりして、記者連中の不評をかったこともありました。

けれども「一枚撮らせてください」とか「これから撮ります」とか、カメラマンの方がきちんと断わってくださった場合は、父としてもそれほどいやな顔ばかりはしていなかったように思います。

つまるところは、新聞記者が嫌い、カメラマンが嫌いというよりも、仕事とはいえ、そうした人たちが相手の立場を無視した無作法なふるまいにおよぶことが父には我慢できなかったのでしょう。それでも、写真を撮られること自体を嫌っていたわけではありませんでしたから、写真家の吉岡専造《よしおかせんぞう》さんが撮られた写真のなかには父がとてもよい表情をして写っているものがたくさんあります。

この吉岡さんがはじめて家に来られたときのことです。父に、写真を撮ってもいいといわれ吉岡さんが大よろこびで写真機をセットしたところ、最初の一枚を撮ろうと

シャッターを押した瞬間フラッシュが破裂してしまいました。

ただでさえ緊張してあがっていらっしゃったところを、父に、

「殺すつもりか」

などといわれ、はたで見ているとおかしいやら気の毒やらでした。このときから、
吉岡さんは父の写真番のようになられ、たくさんの写真を撮り続けられました。

おしゃれ

父は、わりにおしゃれな人だったと思います。

政界を引退して、八十を越してからもいつも身だしなみには気を使っていました。

もともと頑固な人でしたので、ズボンの穿《は》き方ひとつとっても父らしいこだわりがありました。ズボンを穿くとき、太っていましたから転んだら危ないのですが、かならず立って左、右と片足ずつ突っこんで穿きます。

「危ないから座ってあそばせ」

というと、

「もうずうっとこれでやってんだから、やる」

といって、父はよろよろしながら立ったままでズボンを穿きました。

父は、若いころから洋服はかならず自分で選んでいました。気に入った生地があると、まったくおなじ服を二着注文します。

「おなじ服なんておもしろくないじゃないの」

というと父は、

「好きなものは好きだ」

といいます。

たしかに、父は好きなものと嫌いなものがひじょうにはっきりしていました。

戦争まえ、父がイギリス大使をしていたころ、フランスのエクスレバンという田舎に滞在したことがありました。ホテルの細い廊下を父と歩いていると、むこうから葉巻を吸いながらやって来る紳士とすれちがいました。

その人の葉巻のにおいがとてもよかったのでしょう。父は、

「あの人が吸っている葉巻はなにかきいてこい」

といいます。

そういわれても、知らない男の人にいきなり、

「あなたの吸っているのは、なんという葉巻ですか」

などと、なかなかききにくいものです。私がもじもじしていると父は、

「早くききに行かないと、いってしまうよ」

とせかします。

しかたなく追いかけていってたずねると、ヘンリークレーというシガーだと教えてくれました。

「どうしてもおたずねしてくるようにと父にいわれましたので」

というと、そのイギリス紳士は、

「あなたのお父上のよいご趣味に敬意を表します」

といいました。


葉巻に火をつけるマッチも、戦後の日本のマッチでは軸が細すぎて折れやすく、すぐに燃えつきてしまうので、ブライアント・アンド・メイという会社のものを取りよせていました。シガレットなら一回吸えばつきますが、葉巻はちゃんとつくまでに多少時間がかかります。

ヘンリークレーとハバナ産のコロナ・コロナという葉巻も父の気に入りでした。父のそばに近寄ると、葉巻と若いころからつけているオーデコロンのかおりが混ざりあ

ってよいにおいがしました。

オーデコロンはピノー。お風呂上がりのような、ほわっとしたかおりです。

鼻眼鏡はローマ時代からだったと思います。洗濯ばさみみたいになっていて、鼻筋にはさんで留めるようになっています。使い慣れれば、つるがない分うるさくないのでしょう。

父の白足袋もずいぶん有名になりました。貴族趣味だといわれたりもしていたようですが、私どもではみんな白足袋を履いていましたからとくに意識したことはありませんでした。むしろ紺足袋のほうが、洗っているうちに色が落ちてしまって洗濯がききません。白足袋ならいくら洗濯してもだいじょうぶですから、かえって経済的です。

父の足の大きさは九文半でした。男の人としてはかなり小さいほうでしょう。一度に誂《あつら》えた足袋をたくさん持っていましたが、亡《な》くなったときにこのサイズでは他に合う人がいなくて始末に困りました。

靴のほうも、イギリスにいるあいだは注文して作らせていました。旅行先で靴屋に入るといつも子供靴の売場に行けといわれるので、これには父も憤慨していました。

父はよく呉服屋をよんでいましたが、ついでに私のものを一枚か二枚選んでくれることもありました。

それはいいのですが、父は値段をきかずに選んでしまいます。私などは、ものを見るまえにいちばん先に値段を見てしまいます。

父が選んでくれたものでも、ぱっと見て高すぎるように思える場合は、

「あら、これはとっても高いのよ」

というと、

「そうか、それじゃやめとこう」

と、父のほうもあっさりしたものでした。

父は和服の趣味もわりによかったと思います。

「パパ、今日はすごくおもしろい柄をお召しね」「めずらしい色のお召しものね」と父が着ているものについて感想をいうと、ちらりとこちらを見ます。

「とてもいい」と、ほめているのだということをたしかめると、父はちょっと得意そうな顔をしました。

私の着ているものについては、父はよければほめてくれましたが、ときどきこてんぱんにけなしました。

いつだったか紺地に赤と白の格子のコートを買ったことがあります。わりにかわいらしいと思って得意になって着ていったら、

「おい、ドレッシングガウンを着てきたのか」

と父はいいます。そういわれれば、なんとなくそう見えなくもありません。おかげで、このコートは二度と着る気がしなくなりました。

富士山

父は、終生健康には恵まれたほうだったと思います。大きな病気もせずに、八十歳を過ぎてからも、求められれば海外にも出かけ自分のつとめをはたしていました。それでも、さすがに晩年にはあちこち具合のわるいところもあった様子で、武見太郎先生に診ていただいていました。処方された錠剤を、そばについている看護婦さんが朝顔形のおちょこのなかに四、五種類いっしょに用意しておきます。父はそれをお盆の上からひょいととって、いかにもおいしそうに飲んでみせていました。

父は富士山がとても好きで、大磯の二階の部屋からは富士山がよく見えました。

「そっち側に窓をとると西日が差します」

と大工さんにいわれたのですが、「かまわないから」といって、障子を開けるとちょうど窓の枠が額縁になるように富士山に向かう窓をつくらせていました。

在職中、父について海外に行き、帰ってくると飛行機の窓からいちばん先に見えるのが富士山でした。そうすると、父は毎回かならず、

「見てごらん、富士だよ。きれいだね」

と感心しています。

こちらは、きれいだと思うより先に、

「ああ、また苦労の多い日本に帰ってきてしまった」

と思っていたのですから、おなじ富士山を見ていてもずいぶんちがった反応をしていたものです。

昭和四十二年の十月二十日は、とてもきれいに晴れた秋の日でした。

しばらくまえから父は床についていましたが、その日は体調がよかったらしく、富士を見たいといいました。看護婦さんに手伝ってもらってベッドから椅子《いす》に移し、窓に寄せると、遠くにはっとするほど美しい富士山が見えました。

「きれいだね、富士は」

という父と、しばらくのあいだいっしょに富士山を眺めて過ごしました。

その日、調子のよさそうな父を残して私が渋谷の家にもどる途中、父は息をひきと

りました。眠るように静かな最期《さいご》だったそうです。八十九歳でした。亡くなった母も私もカトリックでしたから、父も最後には洗礼を受けると約束していました。そうして、まんまと天国泥棒をしようというのです。けれども父はなんでも来いでしたから、高天原《たかまがはら》からもおよびが来るでしょうし、極楽からも天国からもおよびが来てしまって、どこへ行っていいんだかわからないやと困ったかもしれません。

父が亡くなったあと、安斎は自分の家族のことを妙に心配しているようでした。主人が決まったお金を分けると、ひじょうに安心したというふうでしたので、そのまま父の死の後始末に追われていたところ、一年めに安斎は大磯の家の庭の松葉を掃き集め、自分の身もいっしょに火をつけてしまいました。殉死というのでしょうか、ひとりではなにもできない父のそばへ行って身のまわりの世話を焼こうと思ってくれたのかもしれません。

いまから四年ほどまえになるでしょうか。知り合いからの紹介で彫刻家の方が訪ねてこられたことがあります。

玄関を開けたとき、男の人かと思ったほど大柄な方でしたが、イギリスに帰化したイタリア人の女流彫刻家でした。フィオレ・エンリケスという、イギリスではわりに有名な彫刻家です。

ちょうど忙しくしているときで、朝の時間しかお約束できず朝ごはんをごいっしょしたところ、ぜひともあなたのお父さんの銅像を作らせてほしいといわれます。

「北の丸公園の吉田茂の銅像を見たけれど、あれは銅のかたまりが置いてあるみたいだ。私はかれのファンだから、ぜひ自分にもうひとつ作らせてほしい。日本にひじょうに興味をもっていて、日本の戦後についていろいろなことを読んだり聞いたりしてきたが、あなたのお父さんは今日の日本を作り上げた人だと思う」

と、たいへんな熱の入れようです。

父の風貌《ふうぼう》のどこがこの彫刻家の創作意欲を誘ったのだろうと思うとおかしくもありましたが、熱意に負けて承諾すると、こちらの家に一週間ほども泊まりこんでいたでしょうか。サンルームに父の写真をたくさん張りめぐらせて、ビデオなども見ながら、石膏《せっこう》像の制作に取り組んでいました。

それで、できあがった銅像のひとつは吉田記念館、もうひとつはいまも私のいるこの父の家の庭の一隅に置いてあります。

出来栄えは、まあ、北の丸の銅像よりは父によく似ています。

外交官から、突然日本の総理大臣に転身した父の一生が満足なものだったのかどうか、それは娘の私にもわかりません。

けれども、振り返ってみると、ずいぶんおもしろい人生だったことはたしかですし、父もそう思っていただろうと私は思います。

ただし、これは娘という立場から見た父の姿です。父のまわりにいらしたたくさんの方がたは、それぞれまたちがった父の姿を見ていらしたことでしょう。

おなじ父のもとで育ったきょうだいにしても、兄の吉田健一などは、私の知らない、また別の父を見ていたのではなかったかとこのごろ思うのです。

祖父・吉田茂を想う

麻生太郎

吉田茂が戦後日本を創《つく》った、っていうけどさ、おじいさん、それは俺のお陰じゃないか——。

あるときね、吉田茂にこう言ったことがあるんです。あれは佐藤栄作《さとうえいさく》さんが総理をやっておられた時代だから、昭和40年代かな。祖父はもう引退していて、大磯で悠々自適の生活をしていた。そんなおじいさんにね、面と向かって「日本の復興は俺のお陰」と啖呵《たんか》を切ったのは、一回こっきりです。

つまり、こういう意味でした。うちのオヤジ（麻生太賀吉《たかきち》）とおふくろ（麻生和子）は、とにかく二人して粉骨砕身、政治家・吉田茂のために働いていました。小学生の頃、私や弟は九州に住んでいたのですが、両親はずっと東京。だから、学校の授業参観とか、運動会とか、父兄会とか、そんな学校行事には、オヤジもおふくろも、一度だって来てくれたことがなかった。それは私たちが東京に移ってからも同じ。小学校から大学まで、もう学生の間はずっとほったらかしです。学校で親と顔を合わせるとしたら、停学喰《く》らって呼び出しか、謹慎喰らって呼び出しか、喧嘩《けんか》で怪我《けが》をしたか、まあ、穏やかじゃない話のときだけですね。要するに、オヤジもおふくろも、私はみんな吉田茂に「奪われて」しまったわけです。

そんな状態でずっと育てられて、アメリカのスタンフォード大学から帰ってきて、ちょっと言ってやりたくなったんでしょう。

「戦後の日本に吉田茂が貢献したっていうけど、その吉田茂がまともにやれたのは、間違いなくうちのオヤジとおふくろが側《そば》でずっとついていたからじゃないか。そして、あの二人がおじいさんの側にいられたのは、俺たちがまともに育ったからだろう。だから俺も、日本の戦後復興のためにずいぶん役に立ったんじゃないか」と、こう言ったわけです。祖父は私のこの言葉を聞いて、黙っていました。目を点にして、ただ黙って頷《うなず》いて。自分の中にも罪悪感があったのかもしれない。一言も否定も弁明もしなかった。

でもね、なにもおじいさんだって、私らからずっとおふくろを「奪ったまま」にしておくつもりはなかったはずなんです。あれは昭和26年、サンフランシスコ講和条約を締結するために祖父が渡米する前のこと。私と弟が「おじいチャマがママを取っていくから、ママがいつも家にいない！」と、詰め寄ったことがありました。そのとき、祖父は「もうすぐ、ママはお前たちに返すよ」と言った。「今度の外遊が終わったら、おじいちゃんは総理大臣を辞める。そうしたら、ママを太郎たちに返すし、一緒に落語や動物園にも行こう」と。私たち孫に申し訳なさそうな顔をしながら、こう言ったんです。おじいさんなりに、孫には引け目があったみたいで、優しい顔で「ママを返す」と繰り返した。

しかし、そうやって孫に気を遣う一方で、あの時の祖父は実に深刻そうでした。「多数講和」か「全面講和」かで国論が二分されるなか、交渉が成立しても自分の決断が国民に受け入れられるか、自信がなかったんでしょうね。だから、およそ願掛けなんてしない人だったのに、講和条約の前には禁煙をしていた。後にも先にも、祖父が禁煙したのはこのときだけです。

それから、自分を歴史上の外交官に重ね合わせようともしていました。私たちに松《まつ》岡洋右《おかようすけ》と小村寿太郎《こむらじゅたろう》の話をしたんです。太平洋戦争前に国際連盟を脱退したときの主席全権・松岡洋右と、日露戦争後のポーツマス条約締結に日本全権として臨んだ小村寿太郎のことを。もちろん、小学生の私たちに「松岡だ、小村だ」と言われても、こっちは全くピンときません。でも、おじいさんは「国連を脱退して松岡が日本に帰国したとき、国民は日の丸の旗を振って迎えたんだ。一方、小村が帰国したときは石を投げつけられ、焼き討ちを喰らうようなエライ騒ぎだった。ところが、歴史的には、小村の評価の方が高い」という話をした。そう聞いたって、やっぱり意味はわからなかったですが、はあ、俺のうちは焼き討ち喰うんだな、とは思いましたよ。こりゃ、どう考えてもいい話じゃないぞ、って。

緊張感、と言うのでしょうか。そういったものが、あの当時の渋谷の麻生邸にはあったんです。おふくろもそれに気づいていて、だから、おじいさんがサンフランシスコに向けて出発する日にいきなり「深刻な顔して出発も何もないでしょう。こういうときは、みんなでシャンパンを飲むのよ」と言い出した。

それで、出発の朝、見送りに来た親族や政治家や新聞記者たちに、おふくろはシャンパンを振る舞いました。まるで最後の晩餐《ばんさん》かのように、ね。ただ、賭《か》けてもいいですが、つい先日まで戦争をやっていた日本の政治家や新聞記者に、シャンパンを飲んだことがある人なんているわけありません。シャンパンと言われても、全員、ぽかん、として。何が何だかわかりゃしないけれども、とにかく凄《すご》いもんが出た、って、ごくごく飲んでいました。

実は私もね、このときシャンパンを飲んだんですよ。オヤジやおふくろが出発して、みんなが去ったあと、残ったものが置いてあったから、それを飲んだら、おぉ、こいつはうめぇな、って。それで調子に乗って飲んで、残った酒をぜんぶ飲んでしまったものだから、気づいたときには、くわーっとなって、ドンと床にひっくり返ってしまった。そしたら、女中さんがたまげてね。大変だ、旦那《だんな》様がご出立したら坊っちゃんが倒れた、って医者を呼んで。で、医者がきて、私を見てくれたのですが、ひと通り診察したあとに、医者は「酒を飲んだろう」と聞くんです。私はシャンパンが酒だなんてわかってないから、とにかく美味《うま》い飲み物を飲んだとしか思っていませんでした。でも、本当に大変だったのは、そのあと。目が覚めると、とにかく頭が痛くて痛くて。シャンパンって酒はえらく頭にくるんだな、というのが私の酒に対する最初の記憶です。そして、これが人生初めての二日酔いでした。

サンフランシスコ講和条約を締結して帰国したおじいさんは、日の丸万歳で迎えられました。石が飛んでくるかと思って帰国した祖父は、国民が日の丸を振って待っている姿を見て、ずいぶん驚いて、最初は言葉が出てこなかった。ただ、帰宅したあとの顔は晴れやかだったから、よかった、と思ったんでしょうね。

で、これで話が終わればよかったんですが、帰国したおじいさんはその後も総理大臣を続けることになった。一番大きかったのは、鳩山一郎さんが脳溢血《のういっけつ》で倒れたことだと思います。医師会の会長に「おい、脳溢血ってのはどうなるんだ」と聞いたところ、「判断力が鈍ります」と返されて、それで総理を続けると決めた。私と弟はそりゃ反発しましたよ。「ママを返すって言ったのに、話が違う」って。ところが、おじいさんは羊羹《ようかん》やらカステラを出してきて、こっちを「買収」しようとするんです。当時、羊羹はまだ珍しかった。で、私や弟は見事に釣られて、祖父をオヤジとおふくろが支える家族体制は続くことになります。

父親と母親を孫から「奪っていった」おじいさんでしたが、初孫の私のことは滅法可愛《かわい》がってくれました。可愛がられすぎて、逆に迷惑したほどです。昭和29年に総理大臣を辞めた後は、大磯で暮らしていましたが、毎週日曜日を「孫と遊ぶ日」と決めていたようです。それで、私は中学生で遊びたい盛りだったのに、とにかく毎週、おじいさんの家に連れて行かれました。日曜日の朝、第二京浜国道を車で走っていくと、すれ違う車がほとんどいない。今では、うちの角を曲がっただけで40台もすれ違うのに、国道を走って大磯に行く道ですれ違う車はそれより少なかった。なんで日曜日に毎週毎週こんなところに来なきゃいけないのか、と嫌になりましたね。

しかも、日曜日のみならず、とにかくおじいさんは私をよく呼び出したんです。ウイークデーには政治家や新聞記者と会合をやっている新橋や赤坂の料亭にもよく呼ばれた。それで、おじいさんは懇談の席でも私を膝《ひざ》の上に乗せて、相手から話を聞くんです。おかげで、中学の頃には日本の政治について、ずいぶん耳年増《みみどしま》になってしまっていました。「コクタイ」なんて言葉を覚えるのも早くてね。国民体育大会じゃなくて、「国会対策委員会」だって、ちゃんと知っていましたよ。

祖父に大切にされ過ぎて困った出来事の筆頭は、スタンフォード大学を去るときの顚末《てんまつ》です。昭和39年、マッカーサーの葬儀で渡米したおじいさんは、宿泊先のマークホプキンスホテルに私を呼び出しました。私は当時、スタンフォード大学に在籍しており、パロアルトに住んでいたので、久しぶりの再会でした。ホテルの部屋で私とひとしきり話した祖父は、「紅茶が飲みたい」と言い出した。それで私が部屋の電話からルームサービスを呼んで、紅茶を持ってこさせたわけですが、おじいさんはこのとき私が喋《しゃべ》ったカリフォルニア弁を聞いて、ぶったまげてしまった。それは、駐英大使を務め、イギリスの英語に慣れ親しんだ者にとって、信じがたい発音の英語だったんです。

これでは可愛い太郎が駄目になる――。

とまで思ったかは定かではありませんが、おじいさんは日本に帰るなり、おふくろに対して「unendurable English（あんな英語は我慢できない！）」と言ったそうです。太郎がアメリカでカリフォルニア・イングリッシュを喋っていた、と。あれでは駄目だ、と。イギリスに行かせろ、と。それでおふくろから私に電話がかかってきて「帰ってこい」です。私は「あと二学期で卒業できるから」と抵抗したのですが、「学歴は麻生家に関係ない」と言われて、ガチャンと電話を切られて、終わり。お金も止められて、持っていた車も全部売って、なんとかお金を捻出《ねんしゅつ》して、でも飛行機には乗れず、船の二等船室で太平洋を渡って帰って来ました。

吉田茂に可愛がられて、大磯に毎週行って、それが迷惑なことばかりだったわけではありません。あの頃のおじいさんの家には、佐藤栄作さん、池田勇人《いけだはやと》さん、保利《ほり》茂《しげる》さん、北沢直吉さん、福永健司《ふくながけんじ》さんといった日本の有力な政治家が毎週集って、まるで梁山泊《りょうざんぱく》のようだった。玄関を入って右側の、十畳ほどの洋間には低いテーブルと椅子《いす》があって、そこがおじいさん達の議論場だった。酒を飲んで、飯を食って、侃々《かんかん》諤々《がくがく》の議論をしていた。子どもながらに、あぁ、ここが中心なんだ、と思いました。国を動かしているのはここだ、と。この部屋で聞いた話が、少し経《た》つと新聞に載るんです。一週間ぐらい経つとね。でも、私からしたら「これは一週間前から決まっていた」というものばかり。政治が生きていた時代です。おじいさんも、佐藤栄作さんも、池田勇人さんも、みんなが政治を知っていた。そして、各々《おのおの》が国の未来を必死に模索していました。

そうやって国のことを考え続けた吉田茂が成し得た、宰相としての最も大きな業績は何か。私はやはり、敗戦国だった日本をいち早く国際社会に復帰させるため、多数講和を手段にして自主独立を勝ち取ったことだと思います。太平洋戦争が終わって間もない時期、隣国では朝鮮戦争が始まっていた頃に、軍備はまるごと他国に依存して、すべてのカネを経済成長にあてる、という方針を吉田茂は打ち出した。これは博打《ばくち》ですよ。祖父だって、もちろんそれをわかっていた。条約締結後、松野頼三《まつのらいぞう》という議員が「軍備を放棄するなんてとんでもないことを決めてどうするつもりだ」と大磯に怒鳴りこんできたことがあったんです。おじいさんは彼に対して、「松野、君は番犬を飼ってるか」と聞いた。松野さんが「物騒な時代だから番犬ぐらい飼っています」と応じると、「ならば番犬と思いたまえ。餌代《えさ》はむこう持ちだぞ」と言ったんです。でも、あとになって「そう言って、ごまかしたんだ」と私に言っていました。本人も、経済重視の方針が「ごまかし」であることは判っていたんです。

しかし、たとえ「ごまかし」であっても、吉田茂の非武装・経済重視の方針は当たった。それなくして、戦後の日本の復興はありえなかったでしょう。

おじいさんは、常々言っていた。「戦争に負けても外交で勝った歴史がある」と。そして、「日本はよくなる。必ずよくなる」と。

戦後の政治というのは、いま以上に政党がバラバラで舵取《かじと》りが難しかった。その中で自分の信念を貫き、人をうまくまとめて、おじいさんは日本を復興させていった。その政治状況は困難でしたが、おもしろい時代を、おもしろく生きたんです。これこそ、吉田茂が宰相として残した最大の功績ではないでしょうか。

私がおじいさんと最後に話したのは、亡《な》くなる一週間前です。そのとき、私は麻生セメントの副社長だったのですが、いつも「太郎、太郎」と私を呼ぶおじいさんが、そのときは「副社長さん」と呼んで、いやにご機嫌だった。その嬉《うれ》しそうな声は、今も耳に残っています。おじいさん、副社長なんていきなり呼ばれたら、こっちが照れるじゃないか、って。おじいさん、恥ずかしいからやめてよ、って。


（平成二十四年七月、第92代内閣総理大臣）

この作品は一九九三年十二月に光文社より刊行された。

鹿島圭介著　**警察庁長官を撃った男**

2010年に時効を迎えた国松長官狙撃事件。特捜本部はある男から詳細な自供を得ながら、真相を闇に葬った。極秘捜査の全貌を暴く。

石破茂著　**国防**

国会議員きっての防衛政策通であり、長官在任日数歴代二位の著者が語る「国防の基本」。文庫用まえがき、あとがきを増補した決定版。

NHK「東海村臨界事故」取材班　**朽ちていった命**
―被曝治療83日間の記録―

大量の放射線を浴びた瞬間から、彼の体は壊れていった。再生をやめ次第に朽ちていく命と、前例なき治療を続ける医者たちの苦悩。

NHKスペシャル取材班著　**グーグル革命の衝撃**
大川出版賞受賞

人類にとって文字以来の発明と言われる「検索」。急成長したグーグルを徹底取材し、進化し続ける世界屈指の巨大企業の実態に迫る。

河合隼雄著　**こころの処方箋**

「耐える」だけが精神力ではない、「理解ある親」をもつ子はたまらない――など、疲弊した心に、真の勇気を起こし秘策を生みだす55章。

河合隼雄ほか著　**こころの声を聴く**
―河合隼雄対話集―

山田太一、安部公房、谷川俊太郎、白洲正子、沢村貞子、遠藤周作、多田富雄、富岡多恵子、村上春樹、毛利子来氏との著書をめぐる対話集。

小澤征爾著
ボクの音楽武者修行
〝世界のオザワ〟の音楽的出発はスクーターでのヨーロッパ一人旅だった。国際コンクール入賞から名指揮者となるまでの青春の自伝。

岡本太郎著
青春ピカソ
20世紀の巨匠ピカソに、日本を代表する天才岡本太郎が挑む！　その創作の本質について熱い愛を込めてピカソに迫る、戦う芸術論。

佐藤雅彦著
四国はどこまで入れ換え可能か
表現の天才・佐藤雅彦による傑作ショート・コミック集。斬新な視覚の冒険に、アタマとココロがくすぐられる、マジカルな1冊。

多田富雄著
生命の木の下で
ある時は人類の起源に想いを馳せ、ある時は日本の行く先を憂える。新作能の作者で、世界的免疫学者である著者が綴る珠玉の随筆集。

須賀敦子著
トリエステの坂道
夜の空港、雨あがりの教会、ギリシア映画の男たち……、追憶の一かけらが、ミラノで共に生きた家族の賑やかな記憶を燃え立たせる。

須賀敦子著
地図のない道
私をヴェネツィアに誘ったのは、一冊の本だった。イタリアを愛し、本に愛された著者が、水の都に刻まれた記憶を辿る最後の作品集。

父《ちち》 吉田《よしだ》茂《しげる》

新潮文庫　あ－74－1

平成二十四年九月一日発行

著者　麻生《あそう》和子《かずこ》
発行者　佐藤隆信
発行所　株式会社新潮社
郵便番号　一六二―八七一一
東京都新宿区矢来町七一
電話　編集部(〇三)三二六六―五四四〇
　　　読者係(〇三)三二六六―五一一一
http://www.shinchosha.co.jp
価格はカバーに表示してあります。
乱丁・落丁本は、ご面倒ですが小社読者係宛ご送付ください。送料小社負担にてお取替えいたします。

印刷・株式会社光邦　製本・株式会社植木製本所

ISBN978-4-10-134061-6 C0123